中高职衔接精品系列教材

数学练习册

主　编　陈清池　陈锦标　李艳红
副主编　易　安　陈志洪　张贺珍
　　　　谢小宁

北京理工大学出版社
BEIJING INSTITUTE OF TECHNOLOGY PRESS

版权专有　侵权必究

图书在版编目(CIP)数据

数学练习册 / 陈清池，陈锦标，李艳红主编．—北京：北京理工大学出版社，2018.7（2020.8重印）
　ISBN 978－7－5682－5889－0

Ⅰ．①数… Ⅱ．①陈…②陈…③李… Ⅲ．①数学课-中等专业学校-习题集 Ⅳ．①G634.605

中国版本图书馆 CIP 数据核字（2018）第 153726 号

出版发行 / 北京理工大学出版社
社　　址 / 北京市海淀区中关村南大街 5 号
邮　　编 / 100081
电　　话 / （010）68914775（总编室）
　　　　　　（010）82562903（教材售后服务热线）
　　　　　　（010）68948351（其他图书服务热线）
网　　址 / http://www.bitpress.com.cn
经　　销 / 全国各地新华书店
印　　刷 / 定州市新华印刷有限公司
开　　本 / 787 毫米×1092 毫米　1/16
印　　张 / 9　　　　　　　　　　　　　　责任编辑 / 张荣君
字　　数 / 211 千字　　　　　　　　　　　文案编辑 / 张荣君
版　　次 / 2018 年 7 月第 1 版　2020 年 8 月第 2 次印刷　责任校对 / 周瑞红
定　　价 / 25.00 元　　　　　　　　　　　责任印制 / 边心超

图书出现印装质量问题，本社负责调换

前 言

中等职业教育精品规划教材《数学练习册》是与北京理工出版社出版的中等职业教育精品规划教材《数学》配套的学生练习册。严格按照教育部2009年颁布的《中等职业学校数学教学大纲》规定的课程教学目标和教学内容进行编写,结合广东省教育厅《关于开展2018年职业院校中高职贯通培养三二分段试点工作的通知》(粤教职函〔2018〕68号)精神,凸现"以就业和升学为导向"的职业教育办学方针,使学生在接受义务教育之后,为下一步专业课程学习和三二对接人才培养方案提供必需的数学基础。

本练习册是在认真研究中等职业学校数学教学大纲和《数学》新教材的基础上编写而成的。设计的练习题源于课本,注重基础,突出重点,分题难点,注重通性、通法,突出知识技能的基本应用;有利于学生形成完整的知识结构,开拓解决问题的思维对策,达到温故知新、不断提高的目的;引导中职学生逐步养成良好的学习习惯。书后附有部分习题的参考答案和解题过程。

本教材由陈锦标、陈清池、李艳红主编,由易安、陈志洪、张贺珍、谢小宁担任副主编,其中陈锦标编写第1、6、7章,陈清池编写第2、3、5章,李艳红编写第4、8、11章,易安编写第9章,陈志洪编写第10章,谢小宁编写第12章,张贺珍编写第13章。

由于编者学术水平有限,时间仓促,书中难免存在不足之处,敬请读者提出宝贵意见和建议,我们愿意和您一道,为提高中等职业教育数学教学水平而努力。

编者

2018年6月

目 录

第1章 集合与命题 …………………………………………………… 1
    第一节 集 合 …………………………………………………… 1
    第二节 集合的运算 …………………………………………… 6
    第三节 命 题 …………………………………………………… 8

第2章 不等式 ………………………………………………………… 11
    第一节 不等式的基本性质 …………………………………… 11
    第二节 区间的概念 …………………………………………… 11
    第三节 一元二次不等式 ……………………………………… 12
    第四节 含绝对值的不等式 …………………………………… 14

第3章 函 数 ………………………………………………………… 15
    第一节 认识函数 ……………………………………………… 15
    第二节 函数的性质 …………………………………………… 17
    第三节 函数的实际应用举例 ………………………………… 19

第4章 指数函数与对数函数 ………………………………………… 23
    第一节 实数指数幂 …………………………………………… 23
    第二节 指数函数 ……………………………………………… 25
    第三节 对数与对数函数 ……………………………………… 26

第5章 三角函数 ……………………………………………………… 29
    第一节 角的概念推广 ………………………………………… 29
    第二节 弧度制 ………………………………………………… 30
    第三节 任意角的正弦函数、余弦函数和正切函数 ………… 31
    第四节 同角三角函数基本关系式 …………………………… 34
    第五节 诱导公式 ……………………………………………… 36
    第六节 三角函数的图像和性质 ……………………………… 37
    第七节 已知三角函数值求角 ………………………………… 39

第6章 平面向量 ……………………………………………………… 41
    第一节 向 量 …………………………………………………… 41
    第二节 数乘向量 ……………………………………………… 43
    第三节 向量的内积及其坐标运算 …………………………… 45
    第四节 正弦定理、余弦定理及其应用 ……………………… 47

第7章 解析几何 ……………………………………………………… 49
    第一节 两点间距离公式和中点公式 ………………………… 49

目 录

第二节	曲线与方程	50
第三节	直线方程	52
第四节	直线与直线的位置关系	54
第五节	两条直线的夹角	56
第六节	点到直线的距离	57
第七节	圆的方程	59
第八节	椭圆的标准方程	61
第九节	双曲线	62
第十节	抛物线	64

第8章 立体几何 ··· 67
  第一节 平面及其性质 ··· 67
  第二节 空间两条直线的位置关系 ··· 68
  第三节 直线和平面的位置关系 ··· 68
  第四节 两个平面的位置关系 ··· 70
  第五节 多面体和旋转体 ··· 72

第9章 排列、组合与二项式定理 ··· 77
  第一节 计数的基本原理 ··· 77
  第二节 排列问题 ··· 79
  第三节 组合问题 ··· 80
  第四节 排列组合的应用 ··· 82
  第五节 二项式定理 ··· 84

第10章 概 率 ··· 87
  第一节 古典概率 ··· 87
  第二节 概率的加法公式 ··· 89
  第三节 相互独立事件同时发生的概率 ··· 91

第11章 数 列 ··· 94
  第一节 数 列 ··· 94
  第二节 等差数列及其通项公式 ··· 95
  第三节 等差中项 ··· 97
  第四节 等差数列的前 n 项和 ··· 98
  第五节 等比数列和等比中项 ··· 100
  第六节 等比数列的前 n 项和 ··· 101

第12章 复 数 ··· 104
  第一节 复数的概念 ··· 104
  第二节 复数的运算 ··· 104
  第三节 复数的几何表示 ··· 106
  第四节 复数的三角形式 ··· 106
  第五节 复数三角形式的乘法与除法 ··· 107
  第六节 复数的指数形式 ··· 109
  第七节 复数在电学中的应用 ··· 110

第13章 导数与微分 ··· 112
  第一节 导数的概念 ··· 112
  第二节 导数的运算法则 ··· 113
  第三节 微 分 ··· 115

参考答案 ··· 117

第1章 集合与命题

第一节 集　合

一、集合的概念

(一) 填空题

1.将符号"$\in$"或"$\notin$"填入空格：

(1) $\dfrac{1}{5}$ _____ **Z**；　　(2) 1.414 2 _____ **Q**；　　(3) -19 _____ **N**；　　(4) $\sqrt{7}$ _____ **R**.

2.下列各组对象：①手巧的人；②方程 $x^2-1=0$ 的解；③平面直角坐标系内第一象限内的点；④聪明的学生，其中能构成集合的是_____.

(二) 选择题

1.给出下面 5 个关系：$\sqrt{3}\in\mathbf{R}, 0.7\notin\mathbf{Q}, 0\notin\{0\}, 0\notin\mathbf{N}, 3\notin\{(2,3)\}$，其中正确的个数是(　　).

A.5　　　　　　B.4　　　　　　C.3　　　　　　D.1

2.下列各组对象中不能形成集合的是(　　).

A.高一年级女生全体　　　　　　B.高二(1)班学生家长全体

C.高三年级开设的所有课程　　　　D.高一(6)班个子较高的学生

3.给出下列四个命题：

①$\{2,3,4,2\}$ 是由 4 个元素组成的集合

②集合 $\{0\}$ 表示仅由一个"零"组成的集合

③集合 $\{1,2,3\}$ 与 $\{3,2,1\}$ 是两个不同的集合

④集合{小于 1 的正有理数}是一个有限集

其中正确的命题是(　　).

A.只有③④　　　B.只有②③④　　　C.只有①②　　　D.只有②

4.集合{一条边长为 5，一个角是 $40°$ 的等腰三角形}中元素的个数为(　　).

A.2　　　　　　B.3　　　　　　C.4　　　　　　D.无数

5.由全体实数组成的集合可以表示：①{实数}，②{实数集}，③**R**，④{**R**}，其中表示正确的个数是(　　).

A.1 个　　　　　B.2 个　　　　　C.3 个　　　　　D.4 个

(三) 解答题

1. 下列各题中所给定的每组事物能否构成集合？

(1) 小于 8 的自然数；

(2) 美丽的花园；

(3) 方程 $x^2-2x-3=0$ 所有的实数根；

(4) 不等式 $x-4>3$ 的解；

(5) 方程 $x^2+1=0$ 的解.

2. 下列语句能否确定一个集合？

(1) 中华人民共和国在某个时刻注册公民的全体？

(2) 大于 10 的自然数的全体；

(3) 某学校高一(2)班性格开朗的男生全体；

(4) 质数的全体；

(5) 与 1 接近的实数的全体.

二、集合的表示方法

(一) 填空题

用符号"$\in$"或"$\notin$"填空：

(1) -3 _____ **N**；　(2) 3.14 _____ **Q**；(3) $\dfrac{1}{3}$ _____ **Z**；

(4) $\sqrt{3}$ _____ **R**；　(5) $-\dfrac{1}{2}$ _____ **R**；(6) 0 _____ **Z**.

(二)选择题

1.下列表示同一集合的是(　　).

A.$M=\{(3,0)\}$,$N=\{(0,3)\}$

B.$M=\{3,0\}$,$N=\{0,3\}$

C.$M=\{x|y=\dfrac{1}{2},x\neq 0,z\in\mathbf{R}\}$,$N=\{y|y=\dfrac{1}{2},x\neq 0,x\in\mathbf{R}\}$

D.$M=\{y|y=x-1,x\in\mathbf{R}\}$,$N=\{y|y=x-1,x\in\mathbf{R}\}$

2.由实数 $x,-x,|x|,\sqrt{x^2},\sqrt[3]{x^3}$ 所组成的集合中,最多含(　　).

A.2个元素　　　B.3个元素　　　C.4个元素　　　D.5个元素

3.设 a,b,c 是非零实数,若 $x=\dfrac{a}{|a|}+\dfrac{b}{|b|}+\dfrac{c}{|c|}+\dfrac{abc}{|abc|}$,则 x 的不同值组成的集合是(　　).

A.$\{-4,4\}$　　　B.$\{0,4\}$　　　C.$\{0\}$　　　D.$\{-4,0,4\}$

4.比1大而比5小的实数集表示为(　　).

A.$\{1<x<5\}$　　B.$\{x|1<x<5\}$　　C.$\{x|1\leq x\leq 5\}$　　D.$\{1\leq x\leq 5\}$

(三)解答题

1.用列举法表示下述集合:

(1)前8个正整数组成的集合;

(2)由大于-2并且小于3的整数组成的集合;

(3)方程 $x+3=0$ 的解集;

(4)9的平方根组成的集合.

2.用描述法表示下列集合,并说出它们是有限集还是无限集:

(1)小于1 000的所有自然数组成的集合;

(2)大于2的所有实数组成的集合;

(3)不等式 $x-3<0$ 的解集;

(4)所有正偶数组成的集合.

3.把下列集合用另一种方法表示出来:
(1)$\{1,5\}$;

(2)$\{x|3<x<7,x\in \mathbf{N}\}$.

三、集合间的关系

(一)填空题

1.设$A=\{1,2,3,4\}$,$B=\{1,3\}$,则_____是_____的子集,记作_____$\subseteq$_____.
2.将符号"$\subseteq$"或"$\supseteq$"填入空格:
$\mathbf{N}^*$_____$\mathbf{N}$;$\mathbf{N}$_____$\mathbf{Z}$;$\mathbf{Z}$_____$\mathbf{Q}$;$\mathbf{Q}$_____$\mathbf{R}$.
3.设$I=\{x|x\leq 9$且$x\in \mathbf{N}\}$,$A=\{1,3,4,7,9\}$,$B=\{2,5,6,8\}$,则$A\cap B=$_____;
$A\cup B=$_____;$\bar{A}\cap \bar{B}=$_____;$\bar{A}\cup \bar{B}:$_____;$\bar{A}\cap \bar{A}=$_____.
4.集合$\{0,1,2\}$的子集是_____.
5.设集合$A=\{1,3,a\}$,$B=\{1,a^2-a+1\}$,且$A\supseteq B$,则$a=$_____.
6.已知$A=\{x|x<3\}$,$B=\{x|x<a\}$,
(1)若$B\subseteq A$,则a的取值范围是_____.
(2)若$A\subsetneqq B$,则a的取值范围是_____.
7.用符号"$\in$""$\notin$""$=$""$\supsetneqq$""$\subsetneqq$"填空:
(1)$\{1,2,3\}$_____$\{1,2,3,4\}$;
(2)5_____$\mathbf{N}$;
(3)$\mathbf{Q}$_____$\mathbf{N}$;
(4)$\{x|x^2<4,x\in \mathbf{Z}\}$_____$\{-1,0,1\}$.

(二)选择题

1.下列4句话中能表示集合的是( ).
A.一切很大的数   B.平面内的全体
C.大于-2的实数   D.学习较好的同学
2.下列命题中正确的是( ).
A.空集没有子集
B.空集是任何一个集合的真子集
C.任何一个集合必有两个或两个以上的子集
D.设集合$B\subseteq A$,那么,若$x\notin A$,则$x\notin B$
3.下列表达式正确的是( ).
A.$\{偶数\}\subseteq \mathbf{Z}$ B.$\mathbf{Q}\supseteq \mathbf{R}$
C.$\{3的倍数\}=\{x\in \mathbf{Z}|x=3n,n\in \mathbf{N}\}$ D.$\{梯形\}\subseteq \{等腰梯形\}$

4.$A \supsetneq B$;$C \subsetneq B$,则必有( ).
A.$A \subsetneq C$ B.$A \supsetneq C$ C.$A=C$ D.以上都不对

5.若$M=\{x|0\leq x<2\}$,$N=\{x|x^2-2x-3<0\}$,$M\cap N=$( ).
A.$\{x|0\leq x\leq 1\}$ B.$\{x|0\leq x<2\}$
C.$\{x|0\leq x<1\}$ D.$\{x|0\leq x\leq 2\}$

6.若$M=\{a,b\}$,$N=\{b,c\}$,$P=\{a,b\}$,则$M\cap(N\cup P)$是( ).
A.$\{a,b,c\}$ B.$\{a\}$ C.$\{a,b\}$ D.∅

(三)解答题

1.指出下列各对集合之间的关系:
(1)$E=\{x|x$是两级对边分别平行的四边形$\}$,
$F=\{x|x$是一组对边平行且相等的四边形$\}$.

(2)$G=\{x|x$是能被3整除的整数$\}$,
$H=\{x|x$是能被6整除的整数$\}$.

2.指出下列四个集合之间的关系,并表示出来:
$A=\{$四边形$\}$,$B=\{$平行四边形$\}$,$C=\{$矩形$\}$,$D=\{$正方形$\}$.

3.集合U,S,T,F如图所示,下列关系中哪些是对的?哪些是错的?
(1)$S \subsetneq U$; (2)$F \subsetneq T$;
(3)$S \subsetneq T$; (4)$S \supsetneq F$;
(5)$S \subsetneq F$; (6)$F \subsetneq U$.

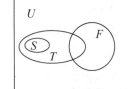

4.设 $A=\{a,b\}$,写出 A 的所有子集,并且指出哪些是真子集.

5.已知集合 $A=\{-1,0\}$,$B=\{0,1,2\}$,$C=\{-1,1,3\}$,求(1)$A\cup B$;(2)$A\cup(B\cup C)$.

第二节 集合的运算

一、填空题

1.全集 $U=\{$三角形$\}$,集合 $A=\{$钝角三角形$\}$,$B=\{$锐角三角形$\}$,在下列空格处填上适当的集合:
  (1)$A\cup B=$ _____ ; (2)$A\cap B=$ _____ ;
  (3)$\complement_U A\cap B=$ _____ ; (4)$\complement_U A\cup \complement_U B=$ _____ ;
  (5)$\complement_U(A\cup B)=$ _____ .

2.$U=\mathbf{R}$,$A=\mathbf{Q}$,$B=\{x\mid x^2-5=0\}$,则 $A\cap B=$ _____ ,$\complement_U A=$ _____ ,$\complement_U A\cap B=$ _____ ,$\complement_U A\cup B=\complement_U A$.

3.若全集 $S=\{$小于 10 的自然数$\}$,集合 $A=\{$不大于 9 的正奇数$\}$,则 $\complement_S A=$ _____ .

4.$\{x\mid x>-1\}\cap\{x\mid x<2\}=$ _____ .

5.$\varnothing\cup\{x\mid x\geqslant 31\}=$ _____ .

二、选择题

1.符合 $M\cup\{1\}=\{1,2,3\}$ 条件的集合 M 的个数是( ).
  A.4 B.3 C.2 D.1

2.已知集合 $M=\{x\mid x\leqslant 1\}$,$N=\{x\mid x>p\}$,若 $M\cap N\neq\varnothing$,则 p 应满足条件( ).
  A.$p>1$ B.$p\geqslant 1$ C.$p<1$ D.$p\leqslant 1$

3.已知 U 为全集,集合 $M,N\subsetneqq U$,若 $M\cap N=N$,则下列关系式中成立的是( ).
  A.$\complement_U M\supseteq \complement_U N$ B.$M\subseteq \complement_U N$
  C.$\complement_U M\subseteq \complement_U N$ D.$M\supseteq \complement_U N$

4.设集合 $A=\{x\mid -5\leqslant x<1\}$,$B=\{x\mid x\leqslant 2\}$,则 $A\cup B$( ).
  A.$\{x\mid -5\leqslant x<1\}$ B.$\{x\mid -5\leqslant x\leqslant 2\}$
  C.$\{x\mid x<1\}$ D.$\{x\mid x\leqslant 2\}$

5.设集合 $M=\{x|x>\dfrac{1}{2}\}$,$S=\{x|x>-1\}$,则 $M\cap S$ 等于( ).

A.$\{x|x>\dfrac{1}{2}\}$ B.$\{x|x>-1\}$

C.$\{x|-1<x<\dfrac{1}{2}\}$ D.$\{x|x<\dfrac{1}{2}\}$

三、解答题

1.设集合 $A=\{x|-3<x<6\}$,$B=\{x|x\leqslant m\}$,若 $A\subseteq B$ 且 $m\in B$,求 m 的最小值.

2.已知数集 $A=\{a+32,(a+1)^2,a^2+3a+3\}$,且 $1\in A$,求实数 a 的值.

3.已知全集 $U=\{三角形\}$,集合 $A=\{锐角三角形\}$,$B=\{等腰三角形\}$,求 $\complement_U A$,$\complement_U B$.

4.已知 $\{3,a^2\}\subsetneqq\{1,2,3,a\}$,求 a.

5.设 $A=\{U$ 中的奇数$\}$.

(1)如果 $U=\{4,5,6\}$,列出 A 中的所有元素;

(2)如果 $U=\{$小于 15 的正整数$\}$,列出 A 中的所有元素;

(3)如果 $U=\{x\in\mathbf{Z}|25<x<40\}$,列出 A 中的所有元素.

6.用集合的符号表示图中的阴影部分.

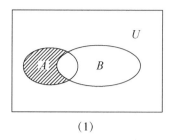
（1）

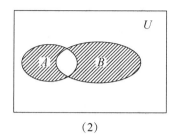
（2）

7.如果 $U=\{鸟\}$，$P=\{不会飞的鸟\}$，$Q=\{雌鸟\}$，分别说出 $\complement_U P \cup Q$ 和 $P \cap \complement_U Q$ 这两个集合的特征性质.

第三节 命 题

一、填空题

1.命题"若 a,b 是奇数，则 $a+b$ 是偶数"以及它的逆命题、否命题、逆否命题，这 4 个命题中，真命题个数为_____个.

2.$x \geqslant 0$ 是 $x^2 \leqslant x$ 的_____条件.

3.关于 x 的方程 $ax^2+bx+c=0(a \neq 0)$ 有两个正根的充要条件是_____.

4.$\varnothing \cup \{x \mid x \geqslant 3\} = $_____.

5.选用"充分必要条件""必要条件"或"充分条件"填入空格：$a^2=b^2$ 是 $a=-b$ 的_____.

6.$a>0$ 且 $b>0$ 是 $ab>0$ 的_____条件.

7.设命题 q 为"$x-1 \neq 0$ 且 $x+1 \neq 0$"，则"非 q"是_____.

二、选择题

1.若 A,B 是两个非空集合，"对于任意的 $X \in A$，都有 $X \in B$"是"集合 A 是集合 B 的真子集"的（　　）.

A.充分不必要条件　　　　　　　　B.必要不充分条件
C.充分且必要条件　　　　　　　　D.既不充分也不必要条件

2.设全集 $S=\mathbf{R}$，$M=\left\{x \mid x>\dfrac{1}{2}\right\}$，则 $\complement_S M$ 等于（　　）.

A.$\left\{x \mid x>\dfrac{1}{2}\right\}$　　　　　　　　B.$\left\{x \mid x \geqslant \dfrac{1}{2}\right\}$

C.$\left\{x \mid x<\dfrac{1}{2}\right\}$　　　　　　　　D.$\left\{x \mid x \leqslant \dfrac{1}{2}\right\}$

3. 下列四对命题中,等价的一对命题是( ).

A. $p：a=b, q：a^2=b^2$

B. $p：a=b, q：|a|=|b|$

C. $p：a=0$ 或 $b=0, q：ab=0$

D. $p：a=0$ 或 $b=0, q：a^2+b^2=0$

4. 对于命题"若 $a\in \mathbf{R}$,且 $a-\sqrt{2}$ 是有理数,则 a 是无理数"用反证法证明时,假设 a 是有理数后,有下面导出矛盾的方法:

① $\because a$ 是有理数, $\sqrt{2}$ 是无理数, $\therefore a-\sqrt{2}$ 是无理数,与 $a-\sqrt{2}$ 是有理数矛盾;

② $\because a-\sqrt{2}$ 是有理数, $\sqrt{2}$ 是无理数, $\therefore a$ 是无理数,与假设 a 是有理数矛盾;

③ $\because a$ 是有理数, $a-\sqrt{2}$ 是有理数, $\therefore a-(a-\sqrt{2})=\sqrt{2}$ 是有理数,与 $\sqrt{2}$ 是无理数矛盾.

其中正确的推理有( ).

A. 3 个   B. 2 个   C. 1 个   D. 0 个

5. 设 P,Q 是非空集合,命题甲为: $P\cap Q=P\cup Q$;命题乙为: $P\subseteq Q$,那么甲是乙的( ).

A. 充分非必要条件   B. 必要非充分条件

C. 充分必要条件   D. 既非充分条件,也非必要条件

三、解答题

1. 已知关于 x 的方程 $(1-a)x^2+(a+2)x-4=0, a\in \mathbf{R}$,求方程有两个正根的充要条件.

2. 已知下列命题 P,写出它的非命题("非 P"),并判断真假:

(1) P:5 是奇数;

(2) P:方程 $x^2-3x+2=0$ 没有实数根;

(3) P:$d\in \{a,b,c\}$.

3.已知下列3个方程:$x^2+4ax-4a+3=0$,$x^2+(a-1)x+a^2=0$,$x^2+2ax-2a=0$ 至少有一个方程有实根,求实数 a 的取值范围.

4.写出下列命题的逆命题、否命题与逆否命题,并且判断原命题与逆命题的真假:
(1)如果 $a\neq 0$ 且 $b\neq 0$,那么 $ab\neq 0$;

(2)如果 $(a-b)^2=0$,那么 $a=b$.

5.指出命题 p 是命题 q 的什么条件:
(1)p:"两个三角形全等",q:"这两个三角形面积相等";

(2)p:"在△ABC中,$AB=AC$",q:"在△ABC中,$\angle B=\angle C$".

第 2 章 不等式

第一节 不等式的基本性质

1. 选用适当的符号(<,>)填空：

(1) $\sqrt{2}$ _____ $\frac{3}{2}$ _____ $\sqrt{7}$；(2) 设 $8x-2x<3$，则 x _____ $\frac{1}{2}$；

(3) 若 $b>0$，则 $a+b$ _____ a；(4) 若 $d<0$，则 $5a$ _____ $3a$.

2. 用"<"号把下列各数连接起来.

$$-\pi, 0, -3, \frac{6}{5}, \frac{\pi}{2}, \sqrt{2}, -\sqrt{3}$$

3. 若 $a>b$，则下列式子中错误的是(　　).

A. $b<a$　　　　　　B. $a-3>b-3$　　　　　　C. $2a>2b$　　　　　　D. $-2a>-2b$

4. 比较实数 $(2x+1)(x+4)$ 与 $2(x+2)^2$ 的大小.

第二节 区间的概念

1. 选用适当的区间填入空格：

(1) $\{x \mid -3 \leqslant x \leqslant 5\} =$ _____ ；　　(2) $\{x \mid -3 < x < 5\} =$ _____ ；

(3) $\{x \mid -3 < x \leqslant 5\} =$ _____ ；　　(4) $\{x \mid -3 \leqslant x < 5\} =$ _____ ；

(5) $\{x \mid -3 < x < +\infty\} =$ _____ ；　　(6) $\{x \mid -3 \leqslant x < +\infty\} =$ _____ ；

(7) $\{x \mid -\infty < x < 5\} =$ _____ ；　　(8) $\{x \mid -\infty < x \leqslant 5\} =$ _____ .

2. 已知 $[b,5] \subsetneqq [1,a]$，求 a,b 的取值范围.

3.设全集为 **R**,集合 $A=\{x\mid -3\leqslant x<5\}$,$B=\{x\mid -5<x\leqslant 3\}$.用区间表示下列集合:

(1) $A\cap B$;
(2) $A\cup B$;

(3) $\complement_{\mathbf{R}}A$;
(4) $\complement_{\mathbf{R}}B$;

(5) $(\complement_{\mathbf{R}}A)\cap(\complement_{\mathbf{R}}\cap B)$;
(6) $\complement_{\mathbf{R}}(A\cup B)$;

(7) $(\complement_{\mathbf{R}}A)\cup(\complement_{\mathbf{R}}B)$;
(8) $\complement_{\mathbf{R}}(A\cap B)$.

第三节　一元二次不等式

1.解下列一元二次方程:

(1) $2x^2-3x+1=0$;
(2) $2x^2-x-1=0$;

(3) $5x^2-2x-\dfrac{1}{4}=x^2-2x+\dfrac{3}{4}$.

2.已知二次函数:

(1) $y=-\dfrac{1}{2}(x+1)^2-1$;　(2) $y=-x^2+30x$;　(3) $y=2(x-3)(x+5)$.

①画出它们的图像,并且指出开口方向、对称轴和顶点坐标;
②当 x 取何值时,y 的值最大(小)?
③观察图像,指出 x 分别为何值时,$y\leqslant 0$,$y>0$?

3.利用图像解下列一元二次不等式:

(1) $4x^2-3x+2<0$;
(2) $x^2-8x+7<0$;

(3) $3x^2-6x+4\geqslant 0$;   (4) $4x^2-7x-2\leqslant 0$;

(5) $x^2-2x+1>0$;   (6) $x^2+2\geqslant -3x$;

(7) $x(x-2)-x+2\geqslant 0$;   (8) $x^2+6x+5>0$.

4. 解下列不等式：
(1) $3x^2-12x>-12$;   (2) $4x^2-144\geqslant 0$;

(3) $3x(x-1)<2(x-1)$;   (4) $(2x-1)^2\leqslant (3-x)^2$;

(5) $x^2-6x+9\geqslant (5-2x)^2$;   (6) $3x(x+1)<3x+3$;

(7) $x^2-x-1\leqslant 0$;   (8) $3x^2+24x<24$.

5. 某公园要新建一个圆形喷水池,在池中心竖直安装一根水管,在水管的顶端安一个喷水头,使喷出的抛物线水柱在与池中心的水平距离为 3 m 处达到最高,高度为 3 m,如果水柱落地处离池中心 3 m.
(1) 求水管的高度 y 与池中心到水柱的距离 x 的关系式,并且画出其图像；
(2) 求水管的高度 y；

(3)当水柱的高度不低于 $\frac{3}{4}$ m 时,求这时池中心到水柱的距离 x 的取值区间.

6.要设计一本书的封面,封面长 27 cm,宽 21 cm,正中间是一个长、宽比例与整个封面长、宽比例相同的矩形.如果要使中间矩形所占面积超过整个封面面积的 $\frac{7}{9}$,上下边衬的宽度相等,左右边衬的宽度也相等.应该如何设计四周边衬的宽度？（精确到 0.1 cm）

第四节　含绝对值的不等式

解下列不等式：

(1) $|2x+3|\leqslant 5$;

(2) $|2-3x|>6$;

(3) $|-3x+5|<1$;

(4) $\left|-\dfrac{1}{3}x-\dfrac{2}{3}\right|\geqslant 3$;

(5) $1<|2x-5|\leqslant 3$;

(6) $1<\left|1-\dfrac{1}{3}x\right|<3$.

第3章 函数

第一节 认识函数

1. 已知 $f(x)=\dfrac{x}{1+2x^2}$，(1) 求 $f(-1),f(2),f(a),f(x+1)$；(2) 验证 $f(-x)=f(x)$.

2. 作出下列函数的图像：

(1) $y=-\dfrac{2}{3}x$；

(2) $y=3+\dfrac{1}{2}x$；

(3) $y=5-\dfrac{4}{3}x$；

(4) $y=\dfrac{1}{2x}$.

3. 求下列函数的定义域和值域：

(1) $y=x^2+1$；

(2) $y=\sqrt{x}+2$.

4. 设 $f(3x+1)=2x^2-3x$，求 $f(x),f(2)$.

5. 求下列函数的定义域：

(1) $y = \dfrac{1}{\sqrt{9-x}}$；

(2) $y = \dfrac{1}{1-|x|} - \sqrt{x+2}$；

(3) $y = \dfrac{-3}{x^2+4}$；

(4) $y = \dfrac{1}{\sqrt{1-x}} + \dfrac{1}{\sqrt{1-2x}}$.

6. 作出函数 $y = x^2, x \in (0, 2]$ 的图像.

7. 写出下列函数的解析式：
(1) 经过点 $(-3, 7)$ 的正比例函数；

(2) 经过点 $(-1, -2)$ 的反比例函数；

(3) 经过点 $(-1, 3)$ 与 $(-2, 1)$ 的一次函数.

8. 已知 $y+2$ 与 $x-1$ 成正比例，且 $x=2$ 时 $y=-5$，求 $x=5$ 时 y 的值.

9.当 x 为何值时,一次函数 $y=2x-3$ 与反比例函数 $y=\dfrac{2}{x}$ 有相等的函数值,求出相等的函数值.

10.某小轿车的油箱容量为 30 L,箱中原装有汽油 10 L,现再加汽油 x L,如果每升汽油价为 3.2 元,求油箱内汽油总价 y(元)与 x(L)之间的函数关系式,并求出自变量的取值范围.

11.某公司加强内部管理,降低管理成本,2004 年 1 月份管理费用为 20 万元,从 2 月份开始每月都比上一个月降低费用 3 000 元,试用列表法、图像法、解析法 3 种形式,表示该公司 1~6 月份的管理费用与月份序号之间的函数关系,并指出定义域、值域、函数关系 f.

12.声音在空气中传播的速度 y(m/s)(简称音速)是气温 x(℃)的一次函数,下表列出一组不同气温时的音速:

气温 x/℃	0	5	10	15	20
音速 y/(m·s^{-1})	331	334	337	340	343

(1)求 y 与 x 之间的函数关系式;

(2)气温 $x=22$(℃)时,某人看到烟花燃放 5 s 后才听到声响,那么此人与燃放的烟花所在地相距约多远(忽略光速)?

第二节　函数的性质

1.作出反比例函数 $y=\dfrac{1}{x}$ 的图像,并利用图像判断该函数的单调性.

2.利用定义判断函数 $y=x^2$ 在 $(-\infty,0)$ 上的单调性.

3.判断函数 $f(x)=\dfrac{1}{x+1}$ 在 $(-1,+\infty)$ 上的单调性.

4.证明 $f(x)=\dfrac{x}{x^2+1}$ 是奇函数.

5.判断下列函数的奇偶性：
(1) $f(x)=6-x^2$;

(2) $f(x)=\dfrac{3}{2-x}$;

(3) $f(x)=3x-\dfrac{2}{x}$;

(4) $f(x)=\dfrac{6x^2}{3-x^2}$.

6.已知 $f(x)$ 是偶函数,它在 $(-\infty,0)$ 上是增函数,且 $f(x)<0$,判断它在 $(0,+\infty)$ 上的单调性,且 $f(x)$ 的符号如何?

第三节　函数的实际应用举例

1.某产品的总成本 $C(元)$ 与产量 $x(台)$ 之间的函数关系式是
$$C = 4\,000 + 10x - 0.2x^2, x \in (0,150),$$
若每台产品的售价为 30 元,求生产者不亏本的最低产量.

2.某产品的总成本 $C(万元)$ 与产量 $x(台)$ 之间的函数关系式是
$$C = 2\,800 + 15x - 0.1x^2,$$
若计划生产销售 200 台就可以盈利 100(万元),问该产品每台应制订的销售价格是多少?

3.生产某产品的固定成本为 10 000 元,每件产品的可变成本为 20 元,求生产 1 000 件产品的平均成本.

4.某产品的销售价格为 $P(元)$,其销售量 $Q(件)$ 是价格 P 的函数:$Q = 200 - 4P$,求取得最大收入的销售量.

5.某商店将进货价10元/个的商品按18元/个售出时,每天可卖出60个,商店经理到市场上做了一番调查后发现,若将这种商品的售价(在每个18元的基础上)每提高1元,则日销量就减少5个;若将这种商品的售价(在每个18元的基础上)每降低1元,则日销量就增加10个.为获得每日最大利润,此商品的售价应订为每个多少元?

6.某人投资5万元生产甲、乙两种产品,一年生产甲、乙产品的利润分别为P和Q.它们与投资数x(万元)的函数关系式分别是$P(x)=\dfrac{2}{5}x-\dfrac{x^2}{20}$与$G(x)=\dfrac{3}{40}x$.问甲、乙两产品的投资分别为多少时,一年所获得利润最大?

7.作出下列二次函数的图像,并写出顶点坐标和对称轴.
(1)$y=\dfrac{1}{2}x^2-x$; (2)$y=-x^2+6x-4$.

8.已知二次函数$y=x^2+bx+c$的图像经过点$(-4,0)$,$(2,6)$,求b,c的值.

9.已知二次函数的图像的顶点坐标是$(1,-2)$,且经过点$P(0,1)$,求二次函数的解析式.

10.利用二次函数$y=x^2$的图像,作出二次函数$y=(x+2)^2-3$的图像.

11.求下列二次函数的图像与x轴的交点坐标:
(1)$y=3x^2-5x+2$;

(2) $y = 4x^2 - 12x + 9$.

12. 求下列二次函数的单调区间和最大(小)值：
(1) $y = -2x^2 + 4x - 3$；

(2) $y = x^2 + x + 1$.

13. 已知二次函数 $y = ax^2 + 4x - 6$ 有最大值 -2，求常数 a 的值.

14. 计划在空地上用 36 m 长的篱笆围成一块矩形空地种花，怎样选择矩形的长和宽，才能使得所围成的矩形面积最大.

15. 填空：分段函数 $f(x) = \begin{cases} x^2, & x \leq -1 \\ x+2, & -1 < x < 2 \\ 2x, & x \geq 2 \end{cases}$ 的定义域为 _____，$f(3) - f(-2) + f(1) = $ _____.

16. 依法纳税是每个公民的义务，《中华人民共和国个人所得税法》规定，公民全月的工资、薪金等所得不超过 1000 元的不必纳税，超过 1600 元的部分为全月应纳税所得额，按下表分段累进计算：

级数	应纳税所得额	税率/%
1	不超过 500 元部分	5
2	500~2000 元部分	10
3	2000~5000 元部分	15
⋮	⋮	⋮
9	超过 100 000 元部分	45

(1)试求1~3级应纳税额 y 与应纳税所得额 x 之间的函数关系(x = 全月总收入 -1600 元).并作出函数的图像.

(2)甲在2004年9月份工资总收入为2 600元,试计算甲当月应纳个人所得税.

(3)乙上个月缴纳个人所得税140元,试推算他上个月的收入额.

17.作出下列函数的图像,并进行比较,说出它们之间的关系.

(1)$f(x) = |x|$; (2)$g(x) = |x-1|$;

(3)$h(x) = |x+1|$.

18.如图所示,函数的图像由两条直线段与一段抛物线组成,求函数的解析式.

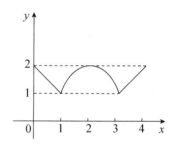

第4章 指数函数与对数函数

第一节 实数指数幂

1. 填空题：

(1) 三次根式 $\sqrt[3]{3}$ 写成指数的形式为_____．

(2) $a^{\frac{1}{3}} \cdot a^{\frac{5}{6}} \div a^{-\frac{1}{2}} =$ _____．

(3) 当 $a>0, b>0$ 时，$\dfrac{a^b \cdot b^a}{a^a \cdot b^b} =$ _____．

(4) 幂函数在第一象限的图像都经过点_____．

2. 利用计算器求下列各式的值（精确到 0.01）

(1) $\sqrt[100]{2}$；　　　　(2) $3^{\frac{8}{25}}$；　　　　(3) $1.414^{-1.12}$；　　　　(4) $0.618^{0.23}$．

3. 已知 $a=2, b=-3, c=\dfrac{3}{2}$，分别用计算器求出下列各式的值（精确到 0.01）：

(1) $(a^c)^{-b}$；　　　　(2) $(b-a)^c$．

4. 计算下列各式的值：

(1) $\left(\dfrac{7}{3}\right)^5 \times \left(\dfrac{8}{21}\right) \div \left(\dfrac{7}{9}\right)^4$；　　　　(2) $(-2.3)^0 + 0.125^{-\frac{1}{3}}$；

(3) $\left(\dfrac{4}{9}\right)^{\frac{1}{2}}+(\sqrt{3}+\sqrt{2})^0+0.125^{-\frac{1}{3}}.$

5.化简下列各式：

(1) $(a^3b)^{-1}\cdot(ab^2)^{\frac{3}{2}}\div(ab)^{-\frac{1}{2}}$ (2) $\dfrac{x\sqrt{x}}{\sqrt[3]{x}}$;

(3) $\dfrac{aba^{\frac{1}{2}}b^{\frac{1}{3}}}{a^{\frac{1}{3}}b^{\frac{1}{2}}}.$

6.用计算器计算下列各式的值(保留四位有效数字)：

(1) $(3.51^2\times7.8^{-1})^{-\frac{4}{3}}$;   (2) $\dfrac{4.28^{-\frac{2}{3}}\times0.93^4}{71.05^{-1.13}}.$

7.设 $x>0$，且 $x^{\frac{1}{2}}+x^{-\frac{1}{2}}=3$，求：

(1) $x+x^{-1}$;   (2) $x^2+x^{-2}.$

8.已知幂函数的图像通过点$\left(8,\dfrac{1}{4}\right)$,求$f(27)$的值.

第二节 指数函数

1.选择题:

(1)下列各函数中,为指数函数的是( ).

A.$y=x$ B.$y=\dfrac{2}{x^2}$ C.$y=\pi^x$ D.$y=x^a$

(2)若指数函数的图像经过点$\left(\dfrac{3}{2},27\right)$,则其解析式为( ).

A.$y=3^x$ B.$y=\left(\dfrac{1}{3}\right)^x$ C.$y=9^x$ D.$y=\left(\dfrac{1}{9}\right)^x$

(3)函数$y=0.25^x$的图像经过点( ).

A.$(0,1)$ B.$(1,0)$ C.$(1,1)$ D.$(0.25,1)$

(4)设函数$y=a^x$是减函数,则( ).

A.$a<1$ B.$a>0$ C.$a>1$ D.$0<a<1$

2.填空题:

(1)指数函数$y=a^x(a>0,$且$a\neq 1)$的定义域是_____.

(2)$\pi^{-0.2}$_____$\pi^{-0.3}$.(用"<"或">"填空).

(3)一种产品原来的年产量是a件,在后来的若干年内计划年产量平均每年比上一年增加10%,设x年后年产量为y,则年产量随着年数变化的函数解析式为_____.

(4)指数函数的图像都经过的点的坐标为_____.

3.求下列函数的定义域:

(1)$y=\dfrac{1}{5^x-1}$;   (2)$y=\sqrt{16-2^x}$;

4.判断下列函数在定义域内的单调性:

(1)$y=3^{-x}$;   (2)$y=0.2^{-3x}$.

5.一种放射性物质不断变化成其他物质,每过一年剩余量约为原来的84%,现有100 g这种物质,11年后还剩多少克?(精确到0.01)

6.某单位职工的工资经过5年翻了一番,按照相同的增长率,多少年后可以翻两番?

7.某城市现有人口100万,根据最近20年的统计资料,这个城市的人口的年自然增长率为1.2%,按这个增长率计算10年后这个城市的人口预计有多少万?(精确到0.01)

第三节 对数与对数函数

1.选择题:

(1)将 $3^x=7$ 化成对数式可表示为( ).

A.$\log_7 3=x$　　　　B.$\log_3 x=7$　　　　C.$\log_7 x=3$　　　　D.$\log_3 7=x$

(2)下列四个指数式:

①$(-2)^5=-32$;　　②$1^7=1$;　　③$3^{-\frac{1}{2}}=\frac{\sqrt{3}}{3}$;　　④$m^b=N$;

可以写成对数式的个数是( ).

A.0　　　　　　B.1　　　　　　C.2　　　　　　D.3

(3)将 $81^{-\frac{3}{4}}=\frac{1}{27}$ 写成对数式为( ).

A.$\log_{\frac{1}{27}} 81=-\frac{3}{4}$　　　　　　　　B.$\log_{81} \frac{1}{27}=-\frac{3}{4}$

C.$\log_{-\frac{3}{4}} 81=\frac{1}{27}$　　　　　　　　D.$\log_{-\frac{3}{4}} \frac{1}{27}=81$

(4) 设 $\log_x \frac{1}{8} = 3$,则底数 x 的值为(　　).

A. 2　　　　　　B. $\frac{1}{2}$　　　　　　C. 4　　　　　　D. $\frac{1}{4}$

2. 填空题:

(1) $\log_3 1 =$ _____,$\log_5 5 =$ _____,$\log_4 \frac{1}{4} =$ _____.

(2) $5^4 = 625$ 写成对数式为 _____.

(3) $\log_{0.25} \frac{1}{16} = 2$ 写成指数式为 _____.

(4) $\log_{0.1} 1\,000 =$ _____.

(5) 设函数 $f(x) = \lg x + 1$,则 $f(10)$ 的值为 _____.

(6) 若函数 $f(x) = \log_a x$ 在 $(0, +\infty)$ 上是减函数,则 a 的取值范围是 _____.

(7) 若 $\log_{\frac{1}{2}} x > 0$,则 x 的取值范围是 _____.

(8) 若 $\log_3 x > 0$,则 x 的取值范围是 _____.

3. 化简: $\log_2 12 - \log_2 3$.

4. 求下列函数的定义域:

(1) $y = \log_3(2x+4)$;　　　　　　(2) $y = \log_3(5-3x)$.

5. 利用计算器计算下列各式的值(精确到 0.000 1):

(1) $\lg 34.26$;　　　　　　(2) $\ln 65$;

(3) $\lg(5^3 \times 4^{-2})$;　　　　　　(4) $\ln \frac{5 \times 3^3}{2^{\frac{1}{2}}}$.

6.用 $\lg x, \lg y, \lg z$ 表示下列各式：

(1) $\lg \dfrac{x^{\frac{1}{2}}y^3}{z^{-\frac{1}{2}}}$；

(2) $\lg(\sqrt{x} \cdot \sqrt[5]{y^3} \cdot z^{-1})$.

7.不使用计算器,计算出下列各式的值：

(1) $\lg 1\,000$；

(2) $\lg 0.001$；

(3) $\log_{100} 0.1$；

(4) $\log_{0.1} 0.000\,1$.

8.求下列等式中的 x 的值.

(1) $\lg x = -2$；

(2) $\lg x = 2\lg a - \lg b$；

(3) $\ln x = 0.7$；

(4) $\ln x = 1 - \ln 4$.

9.某商场销售额为 a 万元,实行机制改革后,每年销售额以 15% 的幅度增加,照此发展下去,多少年后商场销售额达到现在的 4 倍(精确到个数)？

10.由于电子技术的飞速发展,计算机成本不断降低,设每隔 5 年计算机的价格降低 $\dfrac{1}{3}$,照此计算,现在价格为 8 100 元的计算机经过多少年价格降为 500 元？

第5章 三角函数

第一节 角的概念推广

1.判断题(在正确命题的题后括号内打"√",在错误命题的题后括号内打"×"):

(1)终边相同的角一定相等.(　　)

(2)第一象限的角都是正角.(　　)

(3)小于90°的角都是锐角.(　　)

(4)终边在 x 轴下方的角是第三象限或第四象限的角.(　　)

2.填空题:

(1)与60°角终边相同的角的集合是_____,这一集合中在$-360°\sim 360°$的角为_____.

(2)与230°角终边相同的角的集合是_____,它们都是第_____象限角.

(3)若角 α 终边上一点的坐标是 $P(-4,-5)$,则角 α 是第_____象限角.

3.选择题:

(1)在直角坐标系中,第四象限角的集合是(　　).

A.$270°<a<360°$

B.$-90°+k\cdot 180°<\alpha<k\cdot 180°, k\in \mathbf{Z}$

C.$\{\alpha|270°+k\cdot 360°<\alpha<360°+k\cdot 360°, k\in \mathbf{Z}\}$

D.$\{\alpha|270°+k\cdot 360°<\alpha<k\cdot 360°, k\in \mathbf{Z}\}$

(2)下列各角中,与330°角终边相同的角是(　　).

A.510°　　　　　B.150°　　　　　C.$-150°$　　　　　D.$-390°$

(3)下列各组角度中,都是第二象限角的是(　　).

A.$150°, 405°35', -112°46'$　　　　　B.$120°, 960°42', -1\ 120°58'$

C.$135°, 1\ 190°24', -600°12'$　　　　　D.$180°, 684°10', -5\ 070°$

(4)已知角 $\alpha=k\cdot 180°-2\ 002°, k\in \mathbf{Z}$,则下列符合条件的最大负角是(　　).

A.$-22°$　　　　B.$-220°$　　　　C.$-202°$　　　　D.$-158°$

(5)已知 α 是锐角,则 2α 是(　　).

A.第一象限角　　　　　　　　　　　B.第二象限角

C.小于180°的正角　　　　　　　　　D.不大于直角的正角

4. 在 0°~360° 找出与下列各角终边相同的角,并判定各角所在的象限:

(1) 680°25′; (2) -118°;

(3) -680°; (4) 1920°.

5. 分别写出锐角的集合与第一象限角的集合的数学表达式.

第二节 弧度制

1. 填空题:

(1) 把下列各度化为弧度,用含 π 的形式表示:

① 72° = _____ ,② -315° = _____ ,③ -150° = _____ ,④ 67°30′ = _____ .

(2) 把下列各弧度化为度:

① $\dfrac{3\pi}{4}$ = _____ ,② $-\dfrac{11\pi}{6}$ = _____ ,③ $\dfrac{7\pi}{8}$ = _____ ,④ -7π = _____ .

(3) 用弧度表示:

① 第二象限角的集合是 _____ .

② 第三象限角的集合是 _____ .

③ 第四象限角的集合是 _____ .

④ 终边在 x 轴正半轴上的角的集合是 _____ .

⑤ 终边在 y 轴负半轴上的角的集合是 _____ .

(4) 与角 $-\dfrac{\pi}{4}$ 终边相同的角的集合 S = _____ .

2. 选择题:

(1) 与 60° 角终边相同的角的集合是(   ).

A. $\{\alpha \mid \alpha = \dfrac{\pi}{3} + k \cdot 360°, k \in \mathbf{Z}\}$ B. $\{\alpha \mid \alpha = 60° + 2k\pi, k \in \mathbf{Z}\}$

C. $\{\alpha \mid \alpha = \dfrac{\pi}{3} + 2k\pi, k \in \mathbf{Z}\}$ D. $\{\alpha \mid \alpha = \dfrac{\pi}{3} + k\pi, k \in \mathbf{Z}\}$

(2) 角 $\dfrac{26\pi}{3}$ 是第(   )象限角.

A. 一   B. 二   C. 三   D. 四

(3) 下列各对角中,终边相同的是(　　).

A. $\dfrac{\pi}{2}$ 和 $-\dfrac{\pi}{2}+2k\pi(k\in \mathbf{Z})$　　　　B. $-\dfrac{\pi}{3}$ 和 $\dfrac{22\pi}{3}$

C. $-\dfrac{7\pi}{9}$ 和 $\dfrac{11}{9}\pi$　　　　D. $\dfrac{20\pi}{3}$ 和 $\dfrac{122\pi}{9}$

3.把下列各角化成 $\alpha+2k\pi(k\in \mathbf{Z},0\leqslant \alpha<2\pi)$ 的形式:

(1) $\dfrac{25\pi}{6}$;　　　　(2) $-45°$.

4.已知圆的半径是 120 mm,则这个圆上长为 144 mm 的弧所对的圆心角的弧度数是多少?

5.利用计算器,将下列各弧度化为度或把角度化为弧度(精确到0.01):

(1) 1.4;　　　　(2) $-\dfrac{2}{3}$;

(3) $375°$;　　　　(4) $-120°$

第三节　任意角的正弦函数、余弦函数和正切函数

1.填空题:

(1)设 A 是三角形的一个内角,当 $\tan A=\dfrac{\sqrt{3}}{3}$ 时,则 $A=$ _____;当 $\cos A=\dfrac{\sqrt{3}}{2}$ 时,则 $A=$ _____;当 $\sin A=\dfrac{1}{2}$ 时,则 $A=$ _____.

(2)已知点 $P(x,4)$ 在角 α 的终边上,且满足 $\sin \alpha=\dfrac{4}{5}$,则 $\tan \alpha=$ _____.

(3)已知角 α 的终边经过点 $M(-x,4)$,且满足 $\cos \alpha=-\dfrac{3}{5}$,则 $x=$ _____.

(4)设角 α 的终边经过点 $P(-\sqrt{3},-1)$,则 $\cos \alpha+\tan \alpha=$ _____.

2. 已知角 α 的终边分别经过下列各点，试根据三角函数的定义，分别求出 α 的 3 个三角函数值：

(1) $P(3,-4)$；　　　　　　　　　　(2) $P(12,5)$；

(3) $P(-7,24)$；　　　　　　　　　 (4) $P(-1,-\sqrt{3})$.

3. 求下列各三角函数值：

(1) $\sin 585°$；　　　　　　　　　　(2) $\cos\left(-\dfrac{23\pi}{6}\right)$；

(3) $\tan\left(-\dfrac{17\pi}{3}\right)$.

4. 确定下列各三角函数值的符号：

(1) $\sin 160°$；　　　　　　　　　　(2) $\cos\dfrac{47\pi}{12}$；

(3) $\tan 2$.

5. 根据下列条件，确定角 θ 是第几象限角：

(1) $\sin\theta<0$ 且 $\cos\theta>0$；

(2) $\sin\theta\cdot\cos\theta>0$.

第四节 同角三角函数基本关系式

6.求下列各式的值：

(1) $5\sin 90°+4\sin 0°-3\sin 270°+10\cos 180°$；

(2) $3\cos 270°+12\sin 0°+5\tan 0°+8\cos 360°$.

7.利用计算器，求下列各三角函数值(精确到 0.01)：

(1) $\sin 1488°27'$；　　　　　　　(2) $\cos 5.6$；

(3) $\tan(-193°)$；　　　　　　　(4) $\sin\left(-\dfrac{59\pi}{15}\right)$；

(5) $\cos(-368°47')$；　　　　　　(6) $\tan\dfrac{16\pi}{5}$；

(7) $\cos(-7.8)$；　　　　　　　　(8) $\sin 234°13'54''$.

8.利用计算器，求下列各式的值(精确到 0.01)：

(1) $3\sin(-355°)-4\cos 758°+\tan 976°41'$；

(2) $4\cos\dfrac{19\pi}{7}-2\sin\left(-\dfrac{7\pi}{15}\right)+7\tan\dfrac{17\pi}{9}$.

第四节 同角三角函数基本关系式

1. 选择题：

(1) 若 α 是 $\triangle ABC$ 的一个内角，且 $\cos\alpha = -\dfrac{3}{5}$，则 $\sin\alpha = (\qquad)$.

A. $\dfrac{4}{5}$ B. $-\dfrac{3}{5}$ C. $-\dfrac{4}{5}$ D. $\dfrac{3}{5}$

(2) 已知 $\cos\alpha = -\dfrac{1}{2}$，则 $\sin\alpha = (\qquad)$.

A. $\dfrac{\sqrt{3}}{2}$ B. $\dfrac{1}{2}$ C. $\pm\dfrac{\sqrt{3}}{2}$ D. $\pm\dfrac{1}{2}$

(3) 已知 $\cos\alpha = \dfrac{1}{5}$，且 $\tan\alpha < 0$，则 $\sin\alpha = (\qquad)$.

A. $-\dfrac{2\sqrt{6}}{5}$ B. $\dfrac{\sqrt{6}}{12}$ C. $\pm\dfrac{2\sqrt{6}}{5}$ D. $\pm\dfrac{\sqrt{6}}{12}$

(4) 已知 $\sin\alpha = \dfrac{4}{5}$，且 $\alpha \in (0,\pi)$，则 $\tan\alpha = (\qquad)$.

A. $\dfrac{4}{3}$ B. $\dfrac{3}{4}$ C. $\pm\dfrac{3}{4}$ D. $\pm\dfrac{4}{3}$

(5) $\sqrt{1-\sin^2\dfrac{3\pi}{5}}$ 的化简结果是 $(\qquad)$.

A. $\cos\dfrac{3\pi}{5}$ B. $-\cos\dfrac{3\pi}{5}$ C. $\pm\cos\dfrac{3\pi}{5}$ D. $\cos\dfrac{2\pi}{5}$

(6) 已知 $\sin\alpha = \dfrac{1}{6}$，则 $\sin^2\alpha - \cos^2\alpha = (\qquad)$.

A. $\dfrac{17}{18}$ B. $-\dfrac{17}{18}$ C. $\dfrac{18}{17}$ D. $-\dfrac{18}{17}$

2. 化简下列各式：

(1) $\dfrac{1}{\tan\theta} \cdot \sin\theta$.

(2) $\dfrac{1-\cos^2\alpha}{\cos\alpha \cdot \tan\alpha}$.

(3) $(1+\tan^2\alpha) \cdot \cos^2\alpha$.

(4) $\dfrac{\sin^2\alpha}{\cos^2\alpha}+\sin^2\alpha+\cos^2\alpha$.

3. 求证：

(1) $\cos^4\alpha+\cos^2\alpha\cdot\sin^2\alpha+\sin^2\alpha=1$.

(2) $\tan^2\alpha-\sin^2\alpha=\tan^2\alpha\cdot\sin^2\alpha$.

4. 已知 $\tan\alpha=2$, 求下列各式的值:

(1) $\sin\alpha\cdot\cos\alpha$.

(2) $\dfrac{\sin\alpha+\cos\alpha}{\sin\alpha-\cos\alpha}$.

5. 根据下列条件, 求角 α 的其他三角函数值:

(1) 已知 $\sin\alpha=\dfrac{1}{3}$, 且 α 为第二象限的角.

(2) 已知 $\tan\alpha=-3$, 且 α 为第四象限的角.

(3) 已知 $\cos\alpha=-\dfrac{2}{3}$, 且 α 为第三象限的角.

6.已知 $\sin\alpha+\cos\alpha=\dfrac{13}{10}$,求下列各式的值:

(1) $\sin\alpha \cdot \cos\alpha$;

(2) $\tan\alpha+\dfrac{1}{\tan\alpha}$.

第五节　诱导公式

1.选择题:

(1) $\sin 600°$ 等于( ).

A.$\dfrac{1}{2}$　　　B.$-\dfrac{1}{2}$　　　C.$\dfrac{\sqrt{3}}{2}$　　　D.$-\dfrac{\sqrt{3}}{2}$

(2)下列各式中正确的是( ).

A.$\sin 210°=\cos 30°$　　　　B.$\cos 240°=\cos 60°$

C.$\cos\left(-\dfrac{5\pi}{6}\right)=-\dfrac{\sqrt{3}}{2}$　　　　D.$\sin\left(-\dfrac{13\pi}{3}\right)=\dfrac{\sqrt{3}}{2}$

(3)若 A,B,C 是 $\triangle ABC$ 的三个内角,则下列关系式中正确的是( ).

A.$\sin(A+B)=\sin C$　　　　B.$\cos(A+B)=\cos C$

C.$\tan(A+B)=\tan C$　　　　D.$\sin(A+B)=\cos C$

(4) $\sin\left(-\dfrac{11\pi}{6}\right)$ 的值是( ).

A.$\dfrac{1}{2}$　　　B.$-\dfrac{1}{2}$　　　C.$\dfrac{\sqrt{2}}{2}$　　　D.$-\dfrac{\sqrt{3}}{2}$

(5)若 $\sin(\pi+\alpha)=-\dfrac{1}{2}$,则 $\cos(\pi-\alpha)=$ ( ).

A.$\dfrac{1}{2}$　　　B.$-\dfrac{\sqrt{3}}{2}$　　　C.$\dfrac{\sqrt{3}}{2}$　　　D.$\pm\dfrac{\sqrt{3}}{2}$

2.求下列各三角函数值:

(1) $\sin\left(-\dfrac{\pi}{6}\right)$;　　　　(2) $\cos\left(-\dfrac{4\pi}{3}\right)$;

(3) $\tan\dfrac{5\pi}{6}$;　　　　(4) $\tan 5\,700°$.

3.计算下列各式：

(1) $\sin\dfrac{5\pi}{3}+\cos\left(-\dfrac{5\pi}{6}\right)+\tan\left(-\dfrac{5\pi}{4}\right)$;

(2) $\tan\dfrac{4\pi}{3}-\cos\left(-\dfrac{13\pi}{6}\right)+\sin\dfrac{11\pi}{3}$.

4.化简下列各式：

(1) $\dfrac{\sin^2(-\alpha)-\cos^2(\pi+\alpha)}{\sin(\pi+\alpha)-\cos(-\alpha)}$;

(2) $\dfrac{\sin(\alpha-\pi)}{\cos(5\pi-\alpha)\cdot\tan(\alpha+3\pi)}$.

第六节　三角函数的图像和性质

1.填空题：

(1) 已知 $\sin x=2a-3$，则实数 a 的取值范围是_____．

(2) 函数 $y=-3\sin x$ 的图像关于_____对称．

(3) 已知 $\cos x=\dfrac{a-2}{3}$，则实数 a 的取值范围是_____．

(4) 函数 $y=-2\cos x$ 的图像关于_____对称．

2.用"五点法"画出下列函数的简图：

(1) $y=1-2\sin x, x\in[0,2\pi]$.　　　　(2) $y=2\sin x-3, x\in[0,2\pi]$.

(3) $y=2-\cos x, x\in[0,2\pi]$.　　　　(4) $y=3\cos x-5, x\in[0,2\pi]$.

第5章 三角函数

3. 求下列函数的最大值与最小值：

(1) $y = 7 - 2\sin x$.

(2) $y = 3 + \dfrac{1}{2}\sin x$.

(3) $y = 5 - 3\cos x$.

(4) $y = \dfrac{3}{2} + \dfrac{1}{2}\cos x$.

4. 求下列函数的定义域：

(1) $y = \sqrt{1 + \sin x}$.

(2) $y = \dfrac{1}{1 + \sin x}$.

(3) $y = \dfrac{1}{1 - \cos x}$.

(4) $y = \sqrt{-\cos x}$.

5. 比较下列各对正弦值和余弦值的大小：

(1) $\sin\left(-\dfrac{\pi}{11}\right)$ 与 $\sin\left(-\dfrac{\pi}{12}\right)$.

(2) $\sin 72°$ 与 $\sin 102°$.

(3) $\cos\left(-\dfrac{\pi}{13}\right)$ 与 $\cos\left(-\dfrac{\pi}{15}\right)$.

(4) $\cos 83°$ 与 $\cos 112°$.

6. 不通过求值，判断下列各式的符号：

(1) $\sin \dfrac{\pi}{5} - \sin \dfrac{\pi}{7}$.

(2) $\sin 130° - \sin 250°$.

第七节　已知三角函数值求角

1. 已知 $\sin x = 0.273\ 3$，且 $-90° \leqslant x \leqslant 90°$，求 x.

2. 已知 $\sin x = -0.318\ 2$，且 $-90° \leqslant x \leqslant 90°$，求 x.

3. 已知 $\cos x = -0.572\ 1$，且 $0° \leqslant x \leqslant 180°$，求 x.

4. 已知 $\cos x = 0.723\ 9$，且 $0° \leqslant x \leqslant 180°$，求 x.

5. 已知 $\tan x = -\dfrac{2}{3}$，且 $-90° < x < 90°$，求 x.

6. 已知 $\tan x = 3.537\ 9$，且 $-90° < x < 90°$，求 x.

7. 求适合下列条件的角 α：

(1) 已知 $\sin \alpha = \dfrac{\sqrt{2}}{2}$，且 $\alpha \in [0, 2\pi)$，求 α.

(2) 已知 $\cos\alpha = \dfrac{\sqrt{3}}{2}$，且 $\alpha \in [0, 2\pi)$，求 α．

(3) 已知 $\tan\alpha = \dfrac{\sqrt{3}}{3}$，且 $\alpha \in [0, 2\pi)$，求 α．

8. 根据条件，求三角形的内角 A：

(1) $\cos A = -\dfrac{1}{2}$．

(2) $\tan A = \sqrt{3}$．

(3) $\sin A = \dfrac{\sqrt{3}}{2}$．

9. 求适合下列条件的角 x 的集合：

(1) $\sin x = -\dfrac{\sqrt{3}}{2}$．

(2) $\cos x = \dfrac{\sqrt{2}}{2}$．

(3) $\sqrt{3}\tan x - 1 = 0$．

第6章 平面向量

第一节 向 量

一、填空题

1.设 a,b 是非零向量,若 $|a+b|=|a|+|b|$,则 a 的方向与 b 的方向必定_____.

2.已知 $|\vec{AB}|=8$,$|\vec{AC}|=5$,则 $|\vec{BC}|$ 的取值范围是_____.

3.(1)若向量 $\vec{AB}$ 与 $\vec{BC}$ 反向共线,$|\vec{AB}|=2\ 003$,$|\vec{BC}|=2\ 004$,则 $|\vec{AB}+\vec{BC}|=$_____.

(2)若向量 a 与 b 共线,$|a|=|b|=1$,则 $|a-b|=$_____.

4.化简:

(1)$(\vec{AC}+\vec{BA})+\vec{CB}=$_____.

(2)$(\vec{AB}+\vec{CB})+\vec{DC}+\vec{BD}=$_____.

(3)$\vec{ND}+\vec{DP}+\vec{MN}-\vec{MP}=$_____.

5.$2(3a-b+2c)-3(a-2b+3c)=$_____.

6.如图:A,B,C 是数轴上的三点,则 $\vec{OA},\vec{OB},\vec{OC}$ 中,与 $\vec{CA}$ 同向的向量有_____,与 $\vec{CA}$ 反向的向量有_____,$|\vec{OA}|=$_____,$|\vec{OB}|=$_____,$|\vec{OC}|=$_____.

二、选择题

1.某人先位移向量 a:"向东走 2 km",接着再位移向量 b:"向南走 $2\sqrt{3}$ km",则 $a+b$ 表示(   ).

A.向南偏东 30°方向走 4 km　　　　B.向南偏东 30°方向走 $2\sqrt{3}$ km

C.向南偏东 60°方向走 4 km　　　　D.向南偏东 60°方向走 $2\sqrt{3}$ km

2.如图,在▱$ABCD$ 中,$\vec{BA}=a$,$\vec{BC}=b$,则表示 $a-b$ 的是(   ).

A.$\vec{BD}$　　　　B.$\vec{DB}$　　　　C.$\vec{AC}$　　　　D.$\vec{CA}$

3.化简 $\vec{OM}+\vec{OP}+\vec{NO}+\vec{PO}$,结果应为(　　).

A.0　　　　　　B.$\vec{MP}$　　　　　　C.$\vec{NM}$　　　　　　D.$\vec{PN}$

4.已知非零向量 *a* 与向量 *b* 是互为相反向量,则下面结论中不正确的是(　　).

A.*a*+*b*=**0**　　　　　　　　　　B.*a*-*b*=**0**

C.*a* 与 *b* 共线　　　　　　　　　D.*a* 与 *b* 的长度相等

5.若四边形 *ABCD* 中,$\vec{AB}=\vec{DC}$,则 *ABED* 一定是(　　).

A.平行四边形　　　　　　　　　B.矩形

C.菱形　　　　　　　　　　　　D.正方形

三、解答题

1.已知向量 ***a***、***b***,求作 ***a*+*b*** 和 ***a*-*b***.

(1)

(2) 　　　　　　　　(3)

2.如图,*ABCD* 是梯形,*AB*∥*DC*,*AB*=2*DC*,*E*,*F* 分别是 *AB*,*DC* 的中点,$\vec{AB}=\boldsymbol{a}$,$\vec{AD}=\boldsymbol{b}$,用 ***a***,***b*** 表示 $\vec{DC}$,$\vec{BC}$ 和 $\vec{EF}$.

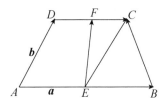

3.如图,*M*,*N* 分别是四边形 *ABCD* 边 *AD* 和 *BC* 的中点,*G* 是 *MN* 的中点,求证:

(1) $\vec{MN}=\dfrac{1}{2}(\vec{AB}+\vec{DC})$;

(2) $\vec{GA}+\vec{GB}+\vec{GC}+\vec{GD}=\mathbf{0}$.

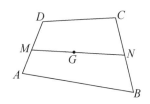

4.求向量 x：

(1) $3x-2a=5(a-2x)$；

(2) $4(x-a)+5(x-b)=6a+7b$.

5.以 1 cm 长为 1 个单位长度，在图中作出下列向量：

(1) 向量 $\overrightarrow{AB}$，方向为东北方向，模为 2；

(2) 向量 $\overrightarrow{AC}$，方向为南偏西 60°，且 $|\overrightarrow{AC}|=\dfrac{3}{2}$.

第二节　数乘向量

一、填空题

1.化简：$\dfrac{2}{3}\left[(4a-3b)+\dfrac{1}{3}b-\dfrac{1}{4}(6a-7b)\right]=$ _____ .

2.若 $|a|=3$，$|b|=5$，且 b 与 a 反向，则 $b=$ _____ a.

3.点 C 在线段 AB 上，且 $\dfrac{AC}{CB}=2$，则 $\overrightarrow{AC}=$ _____ $\overrightarrow{AB}$；$\overrightarrow{BC}=$ _____ $\overrightarrow{AC}$.

4.在 △ABC 中，D 在边 BC 上，$\overrightarrow{AB}=a$，$\overrightarrow{AC}=b$，且 $BD:DC=3:2$，则 $\overrightarrow{AD}=$ _____ .

5.若 $|a|=4$，$|b|=5$，且 a，b 为共线向量，则 $a=$ _____ b.

二、选择题

1. 下列命题正确的是( ).

   A. λa 与 a 的方向不是相同就是相反($\lambda \in \mathbb{R}$)

   B. 若 a, b 共线,则 $b = \lambda a$

   C. 若 $|b| = 2|a|$,则 $b = \pm 2a$

   D. 若 $b = 2a$,则 $|b| = 2|a|$

2. 下列各组向量中,能推出 $a \parallel b$ 的是( ).

   ① $a = -3e, b = 2e$;② $a = e_1 - e_2, b = \dfrac{e_1 + e_2}{2} - e_1$;③ $a = e_1 - 2e_2, b = e_1 + e_2 + \dfrac{e_1 + e_2}{2}$.

   A. ①　　　　　B. ①②　　　　　C. ②③　　　　　D. ①②③

3. 下列各式中不表示向量的是( ).

   A. $\mathbf{0} \cdot a$　　　　B. $a - 2b$　　　　C. $|3a|$　　　　D. $a - a$

4. 已知向量 e_1, e_2 不共线,实数 x, y 满足 $(3x - 4y)e_1 + (2x - 3y)e_2 = 6e_1 + 3e_2$,则 $x - y$ 的值等于( ).

   A. 3　　　　　B. -3　　　　　C. 2　　　　　D. 0

5. 下列各选项中,a 与 b 共线的是( ).

   A. $a = e_1 + e_2, b = e_1 - e_2$

   B. $a = \dfrac{1}{2}e_1 + e_2, b = e_1 + \dfrac{1}{2}e_2$

   C. $a = e_1, b = -e_2$

   D. $a = \dfrac{1}{3}e_1 - \dfrac{1}{10}e_2, b = -\dfrac{2}{3}e_1 + \dfrac{1}{5}e_2$

三、解答题

1. 如图,矩形 $ABCD$ 中,$AD = 2AB$,又 $\triangle ADE$ 是等腰直角三角形,F 为 ED 的中点,$\overrightarrow{EA} = e_1$,$\overrightarrow{EF} = e_2$,以 e_1, e_2 为基底,试表示向量 $\overrightarrow{AF}$、$\overrightarrow{AB}$、$\overrightarrow{AD}$ 及 $\overrightarrow{BD}$.

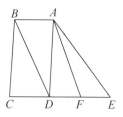

2. P, Q 分别为四边形 $ABCD$ 的对角线 AC, BD 的中点,设 $\overrightarrow{BC} = a$,$\overrightarrow{DA} = b$,试用 a, b 表示向量 $\overrightarrow{PQ}$.

3.当向量$(a+b)$与$(a-b)$共线时,向量a与b具备什么条件?

4.设两非零向量e_1和e_2不共线,如果$\overrightarrow{AB}=e_1+e_2$,$\overrightarrow{BC}=2e_1+8e_2$,$\overrightarrow{CD}=3(e_1-e_2)$,求证:$A,B,D$三点共线.

5.已知P,Q分别为四边形$ABCD$的对角线AC,BD的中点,$\overrightarrow{BC}=a$,$\overrightarrow{DA}=b$,求$\overrightarrow{PQ}$.

第三节 向量的内积及其坐标运算

一、填空题

1.若a,b是两个非零向量,则$(a+b)^2=a^2+b^2$是$a\perp b$的_____条件.

2.已知$|\overrightarrow{OA}|=3$,$|\overrightarrow{OB}|=2$,$\overrightarrow{OA}\cdot\overrightarrow{OB}=3\sqrt{3}$,则$\triangle AOB$的面积为_____.

3.已知$a=(x,2)$,$b=(-3,5)$,且a与b的夹角为钝角,则x的取值范围为_____.

4.已知向量$\overrightarrow{OA}=(-1,2)$,$\overrightarrow{OB}=(3,m)$,若$\overrightarrow{OA}\perp\overrightarrow{AB}$,则$m$的值为_____.

5.将$y=f(x)$的图像按$a=(1,-1)$平移后,得到$y=3^x$的图像,则$f(x)=$_____.

6.在平面直角坐标系中,点A,B的坐标分别为$(2,-5)$,$(-1,4)$,则向量$\overrightarrow{AB}$的坐标为_____,A,B中点的坐标为_____.

7.向量a,b的坐标分别为$(2,-1)$,$(-1,3)$,则$a+b$的坐标为_____,$2a+3b$的坐标为_____.

8.四边形$OABC$是平行四边形,已知$A(4,-2)$,$C(2,5)$,则点B的坐标为_____.

9.已知向量$a(-1,2)$,若点P在a决定的平移下的像为$P'(-2,3)$,那么点P的坐标是_____.

10.点P在线段MN上,且$\dfrac{MP}{PN}=\dfrac{2}{3}$,则$\overrightarrow{MP}=$_____$\overrightarrow{MN}$;$\overrightarrow{NP}=$_____$\overrightarrow{MN}$;$\overrightarrow{PN}=$_____$\overrightarrow{PM}$.

二、选择题

1.已知$|a|=6$,e为单位向量,当a与e的夹角为$120°$时,$a\cdot e$等于( ).

A.$3\sqrt{3}$ B.3 C.-3 D.$-3\sqrt{3}$

2.对任意向量 a,b,$|a||b|$ 与 $a\cdot b$ 的大小关系是( ).

A.$|a||b|<a\cdot b$　　　　　　　　B.$|a||b|\leqslant a\cdot b$

C.$|a||b|\geqslant a\cdot b$　　　　　　　　D.不能确定

3.下列各式:①$(a)\cdot b=a\cdot(\lambda b)=\lambda(a\cdot b)(\lambda\in\mathbf{R})$;②$|a\cdot b|=|a||b|$;③$(a\cdot b)\cdot c\cdot(b\cdot c)$;④$(a+b)\cdot c=a\cdot c+b\cdot c$ 中,正确的是( ).

A.①③　　　　B.②④　　　　C.①④　　　　D.以上都不对

4.已知向量 $\overrightarrow{AB}=(-4,1)$,$\overrightarrow{BC}=(2,-3)$,$\overrightarrow{CD}=(7,-5)$,那么向量 $\overrightarrow{AD}$ 的坐标是( ).

A.$(-5,7)$　　　B.$(5,-7)$　　　C.$(9,-3)$　　　D.$(-9,3)$

5.已知点 $A(-3,1)$,$M(-1,-1)$,那么点 A 关于点 M 的对称点 A' 的坐标是( ).

A.$(1,-3)$　　　B.$(-2,0)$　　　C.$(4,-4)$　　　D.$(-5,3)$

6.函数 $y=\lg x$ 的图像在向量 $a(-1,2)$ 决定的平移下的得到的函数解析式为( ).

A.$y=\lg(x+1)=-2$　　　　　　　B.$y=\lg(x-1)-2$

C.$y=\lg(x+1)+2$　　　　　　　D.$y=\lg(x-1)+2$

7.若点 M 是线段 AB 的中点,O 为平面上任一点,则下列各式中不正确的是( ).

A.$\overrightarrow{AM}=\overrightarrow{MB}$　　　　　　　　B.$\overrightarrow{AM}=\dfrac{1}{2}\overrightarrow{AB}$

C.$\overrightarrow{OA}=\dfrac{1}{2}\overrightarrow{AB}$　　　　　　　　D.$\overrightarrow{OA}=\dfrac{1}{2}(\overrightarrow{OA}+\overrightarrow{OB})$

8.已知点 P 在线段 P_2P_1 的延长线上,且 $|P_1P|=3|P_1P_2|$,那么点 P 分线段 P_1P_2 所成的比为( ).

A.-3　　　B.$-\dfrac{1}{3}$　　　C.$-\dfrac{4}{3}$　　　D.$-\dfrac{3}{4}$

9.下列各对向量中共线的是( ).

A.$a=(2,3),b=(3,-2)$　　　　　　B.$a=(2,3),b=(4,-6)$

C.$a=(1,\sqrt{3}),b=(\sqrt{3},3)$　　　　　　D.$a=(4,7),b=(7,4)$

三、解答题

1.如图,E,F,G,H 分别是 $\square ABCD$ 四边 AB,BC,CD,DA 的中点,证明四边形 $EFGH$ 是平行四边形.

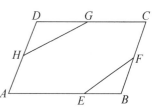

2.在平面直角坐标系中,已知向量 $a(2m-n,m+n)$,$b(-2,5)$,$a=b$,求 m 和 n 的值.

3.在平面直角坐标系中,已知点 $A(-6,3),B(9,-2),C(3,0)$,证明 A,B,C 3 点共线.

4.已知平行四边形 $ABCD$ 的 3 个顶点 $A(-5,-3),B(3,-1),C(5,4)$,求点 D 的坐标及平行四边形中心的坐标.

5.已知圆心 $C(1,3)$,圆上一点 $A(-4,-1)$,求直径 AB 的另一个端点 B 的坐标.

6.已知 $|\boldsymbol{a}|=3,|\boldsymbol{b}|=4,\boldsymbol{a}$ 与 $\boldsymbol{b}$ 的夹角为 $150°$,求:
(1) $(\boldsymbol{a}-3\boldsymbol{b})\cdot(2\boldsymbol{a}+\boldsymbol{b})$;   (2) $|3\boldsymbol{a}-4\boldsymbol{b}|$.

7.已知非零向量 $\boldsymbol{a},\boldsymbol{b}$ 满足 $|\boldsymbol{a}|=\sqrt{2}|\boldsymbol{b}|$,且 $\boldsymbol{a}+\boldsymbol{b}$ 与 $\boldsymbol{a}-\sqrt{2}\boldsymbol{b}$ 互相垂直.求证:$\boldsymbol{a}\perp\boldsymbol{b}$.

第四节　正弦定理、余弦定理及其应用

一、填空题

1.在 $\triangle ABC$ 中,若 $a=10,b=20,\angle B=60°$,则 $\sin A=$ ＿＿＿＿.

2.在 $\triangle ABC$ 中,$a=3,b=2,\angle C=60°$,则 $c=$ ＿＿＿＿.

3.在 $\triangle ABC$ 中,若 $b=2a\sin B$,则 $A=$ ＿＿＿＿.

4.在 $\triangle ABC$ 中,$a=6,B=30°,C=120°$,则 $\triangle ABC$ 的面积为 ＿＿＿＿.

5.在 $\triangle ABC$ 中,$a=6$,则 $b\cos C+c\cos B=$ ＿＿＿＿.

二、选择题

1.已知 $\triangle ABC$ 中,$a^2+b^2=c^2+ab$,且 $\sin A\cdot\sin B=\dfrac{3}{4}$,则 $\triangle ABC$ 是(　　).

A.等腰三角形　　　　　　　　　B.直角三角形或等腰三角形
C.等边三角形　　　　　　　　　D.等腰直角三角形

2.在 $\triangle ABC$ 中,若 $0<\tan A\cdot\tan B<1$,则 $\triangle ABC$ 是(　　).

A.直角三角形　　　　　　　　　B.钝角三角形
C.锐角三角形　　　　　　　　　D.以上都有可能

3.在△ABC中,若∠B=60°,∠C=15°,$a=\sqrt{3}+1$,则b的值为(   ).

A.$\sqrt{6}$　　　　　B.$\sqrt{3}$　　　　　C.$\sqrt{2}$　　　　　D.$\frac{1}{2}$

4.△ABC中,$a=7,b=5,c=3$,则最大角为(   ).

A.∠A=120°　　　B.∠B=120°　　　C.∠C=120°　　　D.∠A=60°

5.在△ABC中,$AB=4,AC=6,\sin A=\frac{1}{3}$,则△ABC的面积是(   ).

A.6　　　　　　B.2　　　　　　C.4　　　　　　D.3

三、解答题

1.在△ABC中,已知$\cos A=\frac{5}{13},\sin B=\frac{3}{5}$,求$\cos C$的值.

2.在△ABC中,求证:$\frac{\cos B}{\cos C}=\frac{c-b\cos A}{b-c\cos A}$.

3.在△ABC中,已知一个内角是60°,其对边为7,且面积为$10\sqrt{3}$,求其他两边的长.

4.某人向正东方向走 x km 后,向右转150°,然后朝新方向走3 km,结果他距离出发点正好为$\sqrt{3}$ km,求 x 的值.

5.已知两座灯塔A和B与海洋观测站C的距离都等于5 km,灯塔A在观测站C的北偏东20°,灯塔B在观测站C的南偏东40°,求两座灯塔之间的距离.

第7章　解析几何

第一节　两点间距离公式和中点公式

一、填空题

1.已知线段 AB 的端点坐标分别是 $(5,9),(-1,3)$，则其中点坐标为_____.

2.已知点 $A(0,1)$，则它到点 $B(2,4)$ 的距离是_____.

3.已知点 $(x,2)$ 到点 $(-3,4)$ 的距离是 2，则 $x=$_____.

二、解答题

1.在 y 轴上有一点 P，它与点 $A(2,3)$ 的距离是 3，求点 P 的坐标.

2.已知点 $A(3,y),B(-1,0),C(2,2)$，且 $|AB|=|AC|$，求 y.

3.连接两点 $A(3,1),B(x,-5)$ 所成的线段的中点是 $P(2,b)$，求 x 和 b 的值.

4.已知点 $A(3,-4)$，求点 A 关于 $(5,3)$ 的对称点的坐标.

5.分别求下列线段 AB 的中点坐标：
(1) $A(0,2), B(3,-1)$;
(2) $A(7,4), B(-5,0)$;
(3) $A(1,5), B(3,7)$.

第二节 曲线与方程

一、填空题

1.若直线 $y=mx+1$ 与曲线 $x^2+4y^2=1$ 恰有一个交点，则 m 的值是_____.

2.当 $k=$_____时，直线 $x-2y-2k=0$ 与直线 $2x-3y-k=0$ 的交点在曲线 $x^2+y^2=9$ 上.

3.与直线 $x=-3$ 和点 $(2,4)$ 等距离的点的轨迹方程为_____.

4.若点 $M(a,-4)$ 在曲线 $x^2-4x+2y-4=0$ 上，则 a 为_____.

二、选择题

1.下列各组方程中表示相同曲线的是( ).

A. $y=|x|$ 与 $y=\sqrt[3]{x^3}$　　　　　　　B. $|y|=|x|$ 与 $y^2=x^2$

C. $y=x$ 与 $y=\sqrt{x^2}$　　　　　　　　D. $x^2+y^2=0$ 与 $xy=0$

2.与两轴距离相等的点的轨迹方程是( ).

A. $y=x$　　　　　　　　　　　　B. $y=|x|$

C. $x^2-y^2=0$　　　　　　　　　D. $x+y=0$

3.曲线 $x^2-xy-y^2-3x+4y-4=0$ 与 x 轴的交点坐标是( ).

A. $(4,0)$ 和 $(-1,0)$　　　　　　　B. $(4,0)$ 和 $(-2,0)$

C. $(4,0)$ 和 $(1,0)$　　　　　　　　D. $(-4,0)$ 和 $(-2,0)$

4.若曲线 C 的方程是 $F(x,y)=0$，则曲线 C 关于直线 $y=x$ 对称的曲线方程是( ).

A. $F(y,x)=0$　　　　　　　　　B. $F(-y,-x)=0$

C. $F(-y,x)=0$　　　　　　　　　D. $F(y,-x)=0$

5.已知 $0\leqslant\alpha\leqslant 2\pi$，点 $P(\cos\alpha,\sin\alpha)$ 在曲线 $(x-2)^2+y^2=3$ 上，则 α 的值是( ).

A. $\dfrac{\pi}{3}$　　　　　　　　　　　　B. $\dfrac{5\pi}{3}$

C. $\dfrac{\pi}{3}$ 或 $\dfrac{5\pi}{3}$　　　　　　　　D.不存在

6.如果曲线 C 上的点的坐标 (x,y) 都是方程 $F(x,y)=0$ 的解，那么( ).

A.以方程 $F(x,y)=0$ 的解为坐标的点都不在曲线 C 上

B.以方程 $F(x,y)=0$ 的解为坐标的点都在曲线 C 上

C.不在曲线 C 上的点的坐标都不是方程 $F(x,y)=0$ 的解

D.坐标不满足方程 $F(x,y)=0$ 的点不在曲线 C 上

三、解答题

1. 判断下列各点是否在所给方程的曲线上：

(1) $A(-4,-3)$, $B(3,4)$, $C(5\cos\theta, 5\sin\theta)$ 是否在 $x^2+y^2=25$ 上？

(2) $A(0,0)$, $B(1,-9)$, $C(-6+2\sqrt{2}, \sqrt{2}+2)$ 是否在 $y^2-x-2y-8=0$ 上？

2. 已知曲线 $3x+4y-10+\lambda(4x-6y+7)=0$ 经过点 $(4,-7)$，求 λ 的值.

3. 一个动点到定点 $A(12,16)$ 的距离等于它到定点 $B(3,4)$ 的距离的 2 倍，求动点的轨道方程.

4. 一个动点到定点 $F(4,0)$ 的距离和它到 y 轴距离相等，试求动点的轨迹方程.

5. 一个动点与定点 $A(2,4)$ 所连直线的斜率等于它与定点 $B(-2,4)$ 所连直线的斜率加 3，试求动点的轨迹方程.

第7章 解析几何

第三节 直线方程

一、填空题

1. 若 $A(\cos 75°, \sin 75°)$ 和 $B(\cos 15°, \sin 15°)$，则直线 AB 的倾斜角为_____．

2. 直线 $ax+3y-5=0$ 经过以 $A(-1,-2)$，$B(2,4)$ 为端点的线段中点，则 a 的值为_____．

3. 经过 $A(a,b)$ 和 $B(3a,3b)(a \neq 0)$ 两点的直线的斜率 $k=$_____，倾斜角 $\alpha=$_____．

4. 在 y 轴上的截距为 -3，倾斜角的正弦为 $\dfrac{5}{13}$ 的直线方程是_____．

5. 倾斜角的余弦值为 $\dfrac{1}{4}$，且过点 $(0,-3)$ 的直线方程_____．

6. 在下面各种情况下，直线 $Ax+By+C=0(A,B$ 不同时为零$)$ 中系数 A,B,C 之间各有什么关系：

   (1) 直线与 x 轴平行：_____；

   (2) 直线与 y 轴平行：_____；

   (3) 直线过原点：_____；

   (4) 直线过点 $(1,-1)$：_____．

二、选择题

1. 下列命题中，正确的命题是( )．

   A. 直线的倾斜角为 α，则此直线的斜率为 $\tan\alpha$

   B. 直线的斜率为 $\tan\alpha$，则此直线的倾斜角 α 为任意角

   C. 任何一条直线都有倾斜角，但不是每一条直线都存在斜率

   D. 直线的斜率为 0，则此直线的倾斜角为 0 或 π

2. 直线 l_1 的倾斜角为 $30°$，直线 $l_2 \perp l_1$，则直线 l_2 的斜率为( )．

   A. $\sqrt{3}$　　　　　　　　　　B. $-\sqrt{3}$

   C. $\dfrac{\sqrt{3}}{3}$　　　　　　　　　D. $-\dfrac{\sqrt{3}}{3}$

3. 若一条直线的斜率 $k=\sin\theta(0 \leqslant \theta \leqslant \pi)$，则这条直线的倾斜角的取值范围是( )．

   A. $[0,\pi)$　　　　　　　　　B. $\left[0,\dfrac{\pi}{4}\right]$

   C. $\left[\dfrac{\pi}{4},\dfrac{\pi}{2}\right]$　　　　　　　D. $\left[\dfrac{\pi}{4},\dfrac{3\pi}{4}\right]$

4. 经过点 $P(2,-1)$，且在 y 轴上的截距等于它在 x 轴上的截距 2 倍的直线 l 的方程为( )．

   A. $2x+y=2$　　　　　　　　B. $2x+y=4$

   C. $2x+y=3$　　　　　　　　D. $2x+y=3$ 或 $x+2y=0$

5.过点$(10,-4)$,且倾斜角的余弦是$-\dfrac{5}{13}$的直线方程是(　　).

A.$12x+5y-100=0$　　　　B.$5x-2y-58=0$

C.$6x+13y-8=0$　　　　D.$13x-5y-110=0$

6.直线的方程为$Ax+By+C=0$,当$A>0,B<0,C>0$时,此直线必不过的象限为(　　).

A.一　　　　B.二

C.三　　　　D.四

7.如图,直线$l_1:mx-y+n=0$和$l_2:nx-y+m=0$在同一坐标系中,正确的图形可能为(　　).

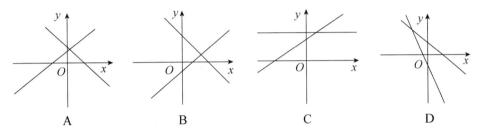

A　　　　B　　　　C　　　　D

三、解答题

1.已知过点$A(-\sqrt{3},1)$及点$B(0,b)$的直线的倾斜角介于$120°$与$150°$之间,求b的取值范围.

2.求经过点$B(-2,1)$,倾斜角是$30°$的直线方程.

3.设直线l的方程为$(a+1)x+y+2-a=0(a\in\mathbb{R})$,若$l$不经过第二象限,求实数$a$的取值范围.

4.若直线$7x+2y+m=0$在两坐标轴上的截距之差等于5,求m的值.

5. 如果 3 点 $A(a,2),B(5,1),C(-4,2a)$ 在同一条直线上,确定常数 a 的值.

6. 已知 $\triangle ABC$ 的 3 个顶点: $A(-1,2),B(3,4),C(-2,5)$
(1) 求直线 AB 的方程;
(2) 求 BC 边上中线所在的直线方程.

第四节　直线与直线的位置关系

一、填空题

1. 直线 $mx+y-n=0$ 和 $x+my+1=0$ 平行的条件是_____.
2. 直线 $mx+10y=2$ 与 $3x+(n-1)y=-1$ 重合,则 $m=$_____,$n=$_____.
3. 点 $P(a,b)$ 关于 x 轴的对称点的坐标是_____;
关于 y 轴的对称点的坐标是_____;
关于原点的对称点的坐标是_____;
关于直线 $y=x$ 的对称点的坐标是_____;
关于直线 $y=-x$ 的对称点的坐标是_____;
关于点 (m,n) 的对称点的坐标是_____.
4. 过点 $(3,-1)$ 与直线 $2x+5y-6=0$ 平行的直线方程为_____.
5. 过原点与直线 $2x+5y-6=0$ 垂直的直线方程为_____,此直线的倾斜角为_____.
6. 直线 $2x+y+1=0$ 与 $3x-y-2=0$ 的交点坐标是_____.

二、选择题

1. 如果 $l_1 /\!/ l_2$(l_1 与 l_2 不重合),那么(　　).
A. l_1 的斜率等于 l_2 的斜率
B. l_1 的斜率等于 l_2 的斜率,而且 l_1,l_2 与 y 轴交于相异两点
C. l_1 的斜率等于 l_2 的斜率,而且 l_1,l_2 与 x 轴交于相异两点
D. l_1 的斜率等于 l_2 的斜率,或者 l_1 或 l_2 都与 x 轴垂直

2. 若 k_1,k_2 分别为直线 l_1,l_2 的斜率,则 $k_1k_2+1=0$ 是两条直线 l_1,l_2 互相垂直的(　　).
A. 充分但非必要条件　　　　　　B. 必要但非充分条件
C. 充要条件　　　　　　　　　　D. 既不充分也不必要条件

第四节　直线与直线的位置关系

3.已知直线 $l_1:2x+ay+1=0$, $l_2:ax+2y+2=0$, 若 $l_1 \perp l_2$, 则 a 的值是(　　).
A.0　　　　　　　　　　　　B.2
C.$a \in \mathbf{R}$　　　　　　　　　　　D.不存在

4.如果直线 $l:x+ay+2=0$ 平行于直线 $2x-y+3=0$, 则直线 l 在两坐标轴上截距之和为(　　).
A.6　　　　　　　　　　　　B.2
C.-1　　　　　　　　　　　D.-2

5.若直线 $x+a^2y+6=0$ 与直线 $(a-2)x+3ay+2a=0$ 没有公共点, 则 a 的值是(　　).
A.$a=3$　　　　　　　　　　B.$a=0$
C.$a=-1$　　　　　　　　　D.$a=0$ 或 $a=-1$

6.直线 $2x-y+4=0$ 与 $x-y+5=0$ 的交点在_____象限(　　).
A.第一　　　　　　　　　　　B.第二
C.第三　　　　　　　　　　　D.第四

7.直线 $3x+4y-5=0$ 与 $6x+8y-7=0$ 的位置关系是(　　).
A.平行　　　　　　　　　　　B.相交
C.重合　　　　　　　　　　　D.垂直

8.已知无论 k 为何值, 直线 $(2k+1)x-(k-2)y-k-8=0$ 恒过一定点, 则这一点是(　　).
A.$(0,0)$　　　　　　　　　　B.$(2,3)$
C.$(3,2)$　　　　　　　　　　D.$(-2,3)$

三、解答题

1.判断下列各对直线的位置关系(平行、重合还是相交):
(1)$y=x$ 与 $3x-3y+5=0$;
(2)$2x+y-4=0$ 与 $x+2y-2=0$;
(3)$2x-\sqrt{2}y+\sqrt{6}=0$ 与 $\sqrt{6}x-\sqrt{3}y+3=0$.

2.已知 3 点 $A(1,5)$, $B(-3,3)$, $C(4,-1)$, 求证: $AB \perp AC$.

3.求过点 $A(1,-4)$ 且与直线 $2x+3y+5=0$ 平行的直线方程.

4.已知两直线 $l_1:x+ay=2a+2$ 和 $l_2:ax+y=a+1$,
(1)若两直线平行,求 a 的值;
(2)若两直线垂直,求 a 的值.

5.求下列各组相交直线的交点:
(1)直线 $l_1:x-4=0$,直线 $l_2:2x+3y-11=0$;
(2)直线 $l_1:5x-y-7=0$,直线 $l_2:3x+2y-12=0$.

第五节　两条直线的夹角

一、填空题

1.直线 $y=1$ 与直线 $y=\sqrt{3}x+3$ 的夹角为_____.

2.已知直线 $2x-y=0$ 与 $mx-y=0$ 夹角为 $45°$,则 $m=$_____.

3.过直线 $3\sqrt{3}x-y-5=0$ 和 $\sqrt{3}x+y-5=0$ 的交点,且与直线 $x-\sqrt{3}y=0$ 的夹角是 $30°$ 的直线方程是_____.

二、选择题

1.两条直线 $x-2y-2=0$ 和 $x+y-4=0$ 的夹角的正弦值是(　　).

A. $\dfrac{\sqrt{2}}{2}$　　　　　　　　　　　B. $\dfrac{\sqrt{10}}{10}$

C. $\dfrac{3\sqrt{10}}{10}$　　　　　　　　　　D. $\dfrac{\sqrt{10}}{5}$

2.已知两直线 $l_1:y=x, l_2:ax-y=0$,其中 a 为实数,当这两条直线的夹角在 $\left(0,\dfrac{\pi}{12}\right)$ 范围内变动时,a 的取值范围(　　).

A. $(0,1)$　　　　　　　　　　B. $\left(\dfrac{\sqrt{3}}{3},\sqrt{3}\right)$

C. $\left(\dfrac{\sqrt{3}}{3},1\right)\cup(1,\sqrt{3})$　　　　D. $(1,\sqrt{3})$

3.两条直线 $y=x+2$ 和 $x=1$ 的夹角是(　　).

A.$30°$　　　　　　B.$45°$　　　　　　C.$150°$　　　　　　D.$120°$

三、解答题

1. 直线 $4x-y-5=0$ 和 $ax-15y+7=0$ 的夹角为 $45°$，求 a 的值.

2. 已知点 $A(-2,3)$ 和直线 $l_1:x-y+3=0$，直线 l 与 l_1 的夹角为 $45°$，求经过点 A 的直线 l 的方程.

3. 求过两直线 $l_1:x+y+1=0$ 与 $l_2:5x-y-1=0$ 的交点，且与直线 $3x+2y+1=0$ 的夹角为 $\dfrac{\pi}{4}$ 的直线的方程.

4. 已知 $\triangle ABC$ 的三边所在直线的方程分别为 $l_1:18x+6y-17=0$，$l_2:14x-7x+15=0$，$l_3:5x+10y-9=0$，求 $\triangle ABC$ 的三个内角.

第六节　点到直线的距离

一、填空题

1. 点 $P(2,3)$ 到直线 $mx+(m-1)y+3=0$ 的距离为 4，则 $m=$ ＿＿＿＿＿＿.

2. 经过两条直线 $3x+4y-5=0$ 和 $2x-3y+8=0$ 的交点，且到 $A(2,3)$，$B(-4,5)$ 两点的距离都相等的直线方程是＿＿＿＿＿＿.

3. 过点 $(-1,4)$，且与原点距离等于 1 的直线方程是＿＿＿＿＿＿.

4. 若点 P 在直线 $x+3y=0$ 上，且它到原点的距离与到直线 $x+3y-2=0$ 的距离相等，则 P 点的坐标为＿＿＿＿＿＿.

5.点 $A(-2,3)$ 到直线 $l:3x-4y-2=0$ 的距离为_____.

二、选择题

1.过 $P(1,2)$ 且与原点距离最大的直线方程为( ).
A.$x+2y-5=0$ B.$2x+y-4=0$
C.$x+3y-7=0$ D.$x-2y+3=0$

2.点 $A(a,5)$ 到直线 $l:4x-3y-3=0$ 的距离不小于6,则 a 的取值范围是( ).
A.$(-3,2)$ B.$(-3,12)$
C.$(-\infty,-3)\cup[12,+\infty)$ D.$(-\infty,-3)\cup(12,+\infty)$

3.过点 $(1,3)$ 且与原点距离为1的直线共有( ).
A.3条   B.2条
C.1条   D.0条

4.点 (a,b) 到直线 $\dfrac{x}{b}+\dfrac{y}{a}=0$ 的距离是( ).

A.$\dfrac{|a+b|}{\sqrt{a^2+b^2}}$ B.$\sqrt{a^2+b^2}$

C.$\dfrac{\sqrt{a^2+b^2}}{a^2+b^2}$ D.$\dfrac{|ab|}{\sqrt{a^2+b^2}}$

5.点 $(1,\cos\theta)$ 到直线 $x\sin\theta+y\cos\theta=1$ 的距离为 $\dfrac{1}{4}$,且 $0\leqslant\theta\leqslant\dfrac{\pi}{2}$,则 θ 的值为( ).

A.$\dfrac{\pi}{6}$ B.$\dfrac{\pi}{4}$

C.$\dfrac{\pi}{3}$ D.$\dfrac{5\pi}{12}$

三、解答题

1.求平行线 $2x-7y+8=0$ 和 $2x-7y-6=0$ 的距离 d.

2.已知一直线 l 被两平行线 $3x+4y-7=0$ 和 $3x+4y+8=0$ 所截线段长为 $3\sqrt{2}$,且 l 过点 $(2,3)$,求 l 的方程.

3.在直线 $y=x+2$ 上求一点 P,使得 P 到直线 $3x-4y+8=0$ 和直线 $3x-y+1=0$ 的距离的平方和最小.

4.在直线 $2x-y-3=0$ 上找一点,使该点到直线 $3x+y-2=0$ 的距离为 $\sqrt{10}$.

第七节 圆的方程

一、填空题

1.已知圆心为 $C(8,-3)$,圆上有一点为 $A(5,1)$,则该圆的标准方程为_____.
2.已知圆的方程为 $x^2+y^2-2by-2b^2=0$,则该圆的半径 $r=$_____.
3.已知方程 $x^2+y^2+4x-2y-4=0$,则 x^2+y^2 的最大值是_____.
4.圆 $x^2+y^2+ax=0(a\neq 0)$ 的圆心坐标和半径分别是_____.
5.以点 $A(2,5)$,$B(-4,-1)$ 为直径的圆的方程为_____.
6.圆 $x^2+y^2-6x+10y+18=0$ 的圆心坐标为_____,半径为_____.

二、选择题

1.点 $P(5a+1,12a)$ 在圆 $(x-1)^2+y^2=1$ 的内部,则实数 a 的取值范围是( ).

A.$|a|<1$　　　　　　　　　　B.$|a|<\dfrac{1}{5}$

C.$|a|<\dfrac{1}{12}$　　　　　　　　D.$|a|<\dfrac{1}{13}$

2.过点 $P(-8,-1)$,$Q(5,12)$,$R(17,4)$ 3 点的圆的圆心坐标是( ).

A.$\left(\dfrac{14}{3},5\right)$　　　　　　　　B.$(5,1)$

C.$(0,0)$　　　　　　　　　　D.$(5,-1)$

3.若方程 $x^2+y^2-x+y+k=0$ 表示一个圆,则 k 的取值范围是( ).

A.$k<\dfrac{1}{2}$　　　　　　　　B.$k=\dfrac{1}{2}$

C.$k\leqslant\dfrac{1}{2}$　　　　　　　　D.$k>\dfrac{1}{2}$

4.已知圆的方程为 $x^2+y^2-4x+6y+9=0$,下列直线通过圆心的是( ).

A.$3x+2y+1=0$　　　　　　B.$3x+2y=0$
C.$3x-2y=0$　　　　　　　　D.$3x-2y+1=0$

5.过点 $A(-1,1), B(1,3)$,圆心在 x 轴上的圆的方程是( ).

A.$(x-2)^2+y^2=10$
B.$(x+2)^2+y^2=10$
C.$(x-2)^2+y^2=\sqrt{10}$
D.$(x+2)^2+y^2=\sqrt{10}$

6.已知圆的方程为 $(x-3)^2+(y-5)^2=16$,则点 $(-1,2)$ ( ).

A.在圆内不在圆心上
B.在圆上
C.在圆外
D.和圆心重合

三、解答题

1.已知圆过点 $M_1(0,1), M_2(2,1), M_3(3,4)$,求该圆的方程.

2.已知 $P_1(3,-6)$ 和 $P_2(-5,2)$,求以 P_1P_2 为直径的圆的标准方程.

3.求圆心在直线 $2x-y-3=0$ 上且过点 $(5,2)$ 和点 $(3,-2)$ 的圆的方程.

4.已知一圆的圆心是两直线 $y+2x-1=0$ 和 $y=2x+1$ 的交点,半径为两直线交点到点 $(3,4)$ 的距离,求该圆的方程.

5.试讨论当 k 为何值时,圆 $x^2+y^2=1$ 与直线 $y=kx-2$:(1)相交;(2)相切;(3)相离.

第八节 椭圆的标准方程

一、填空题

1. 一动点 P 到两个定点 $A(0,3)$，$B(0,-3)$ 的距离之和为 10，则点 P 的轨迹方程是_____.

2. 椭圆 $\dfrac{x^2}{3}+\dfrac{y^2}{4}=1$ 的焦点坐标为_____，顶点坐标为_____，离心率为_____.

3. 椭圆的长短轴均在坐标轴上，一个焦点的坐标是 $(3,0)$，离心率为 0.5，这个椭圆的方程是_____.

4. 直线 $y=x+1$ 与椭圆 $2x^2+y^2=2$ 的交点坐标为_____，截得的弦长为_____.

5. 经过点 $M(\sqrt{3},-2)$，$N(-2\sqrt{3},1)$ 的椭圆的标准方程为_____.

6. 若方程 $x^2+ky^2=2$ 表示焦点在 y 轴上的椭圆，则实数 k 的取值范围是_____.

二、选择题

1. P 为椭圆 $\dfrac{x^2}{4}+\dfrac{y^2}{9}=1$ 上的一点，点 P 到一个焦点的距离是 2，则点 P 到另一个焦点的距离是（　　）.

 A.1   B.2
 C.4   D.6

2. 已知椭圆方程为 $\dfrac{x^2}{5}+\dfrac{y^2}{9}=1$，则该椭圆的焦点是（　　）.

 A.$(2,0)$ 和 $(-2,0)$ B.$(0,2)$ 和 $(0,-2)$
 C.$(4,0)$ 和 $(-4,0)$ D.$(0,4)$ 和 $(0,-4)$

3. 对称中心在原点，焦点坐标为 $(-2,0)$，$(2,0)$，长轴长为 6 的椭圆方程是（　　）.

 A.$\dfrac{x^2}{9}+\dfrac{y^2}{5}=1$ B.$\dfrac{x^2}{5}+\dfrac{y^2}{9}=1$
 C.$\dfrac{x^2}{36}+\dfrac{y^2}{32}=1$ D.$\dfrac{x^2}{32}+\dfrac{y^2}{36}=1$

4. 椭圆 $3x^2+4y^2=12$ 的离心率是（　　）.

 A.$\dfrac{1}{4}$ B.$\dfrac{\sqrt{7}}{2}$
 C.$\dfrac{\sqrt{7}}{4}$ D.$\dfrac{1}{2}$

5. 椭圆长轴上两个顶点是 $(0,-2)$ 和 $(0,2)$，离心率为 $\dfrac{\sqrt{3}}{2}$，则椭圆方程是（　　）.

 A.$\dfrac{x^2}{4}+y^2=1$ B.$x^2+\dfrac{y^2}{4}=1$ C.$\dfrac{x^2}{16}+\dfrac{y^2}{4}=1$ D.$\dfrac{x^2}{4}+\dfrac{y^2}{16}=1$

6.椭圆 $\dfrac{x^2}{m}+\dfrac{y^2}{4}=1$ 的焦距是2,则 m 的值是( ).

A.5 或 3 　　　　　　　　　　　　B.8
C.5 　　　　　　　　　　　　　　D.16

三、解答题

1.求适合下列条件的标准方程:
(1)两个焦点坐标分别是 $(-3,0)$,$(3,0)$,椭圆经过点 $(5,0)$;
(2)两个焦点坐标分别是 $(0,5)$,$(0,-5)$,椭圆上一点 P 到两焦点的距离和为26.

2.椭圆的焦点在 x 轴上,椭圆上的点到一个焦点的最远距离是18,椭圆的离心率为 $\dfrac{5}{13}$,求该椭圆的标准方程.

3.求椭圆 $9x^2+16y^2=144$ 的长轴长、短轴长、顶点和离心率.

4.椭圆的长轴与短轴之和等于12,两焦点为 $(-2\sqrt{3},0)$,$(2\sqrt{3},0)$,求它的方程.

第九节　双曲线

一、填空题

1.双曲线 $\dfrac{x^2}{9}-\dfrac{y^2}{16}=1$ 的焦点坐标是_____.

2. 双曲线 $\dfrac{x^2}{9}-\dfrac{y^2}{16}=1$ 的实轴长为_____,虚轴长为_____,焦距为_____,离心率为_____,渐近线方程为_____.

3. 中心在原点,焦点在 y 轴上,实半轴长为3,虚半轴长为4的双曲线方程为_____.

4. $k>9$ 是方程 $\dfrac{x^2}{9-k}+\dfrac{y^2}{k-4}=1$ 表示双曲线的_____条件.

5. 双曲线 $\dfrac{x^2}{4}-\dfrac{y^2}{12}=1$ 上的点 P 到左焦点的距离为6,这样的点有_____个.

二、选择题

1. 已知双曲线方程为 $\dfrac{x^2}{20}-\dfrac{y^2}{5}=1$,则它的焦距是(   ).

A.10   B.5

C.$\sqrt{15}$ D.$2\sqrt{15}$

2. 下列双曲线中,离心率 $e=\dfrac{\sqrt{6}}{2}$ 的是(   ).

A.$\dfrac{x^2}{16}-\dfrac{y^2}{4}=1$ B.$\dfrac{x^2}{4}-\dfrac{y^2}{16}=1$

C.$\dfrac{x^2}{2}-y^2=1$ D.$x^2-\dfrac{y^2}{2}=1$

3. 双曲线 $\dfrac{x^2}{a^2}-\dfrac{y^2}{b^2}=1$ 的两条渐近线互相垂直,则其离心率是(   ).

A.2   B.$\sqrt{2}$

C.$2\sqrt{2}$ D.$\sqrt{3}$

4. 方程 $x=\sqrt{y^2+1}$ 表示的曲线是(   ).

A.双曲线   B.双曲线的一支

C.半圆   D.圆

5. 双曲线 $\dfrac{x^2}{16}-\dfrac{y^2}{9}=1$ 上的一点 P,到点 $(5,0)$ 的距离为15,则该点到 $(-5,0)$ 的距离为(   ).

A.7   B.23

C.5 或 25   D.7 或 23

6. 若方程 $\dfrac{x^2}{2+m}-\dfrac{y^2}{m+1}=1$ 表示双曲线,则 m 的取值范围为(   ).

A.$m>-1$ B.$m>-2$

C.$m>-1$ 或 $m<-2$ D.$-2<m<-1$

7. 方程 $\dfrac{x^2}{\sin\alpha}+\dfrac{y^2}{\cos\alpha}=1$ 表示焦点在坐标轴上的双曲线,则 α 是第(   )象限的角.

A.二   B.四

C.二或四   D.一或三

三、解答题

1. 已知双曲线两顶点间的距离是 8，两焦点为 $F_1(-5,0)$，$F_2(5,0)$，求双曲线的标准方程.

2. 求焦点在 x 轴上，$c=\sqrt{15}$，且过点 $P(3\sqrt{2},\sqrt{6})$ 的双曲线的标准方程.

3. 已知双曲线过点 $(2,1)$，渐近线方程为 $y=\pm\dfrac{3}{4}x$，求双曲线方程.

4. 已知双曲线 $\dfrac{x^2}{225}-\dfrac{y^2}{64}=1$ 上的一点，它的横坐标等于 15，试求该点到两个焦点的距离.

5. 当 n 分别为何值时，方程 $\dfrac{x^2}{8-n}+\dfrac{y^2}{3-n}=1$ 是椭圆和双曲线？

▶ 第十节　抛物线

一、填空题

1. 抛物线 $y^2=8x$ 的焦点到准线的距离是_____.

第十节 抛物线

2. 焦点在 x 轴的负半轴上,焦点到准线的距离为 5 的抛物线标准方程是_____.
3. 平面内到定点 $(2,0)$ 和到直线 $x+2=0$ 的距离相等的点的轨迹方程是_____.
4. 抛物线的顶点是_____与_____的交点;抛物线的顶点有_____个.
5. 直线 $x-y-1=0$,截抛物线 $y^2=8x$,所截得的弦中点的坐标是_____.
6. 抛物线 $y=-ax^2(a>0)$ 的焦点坐标为_____.
7. 顶点在原点,对称轴为 x 轴,并且经过点 $M(5,-4)$ 的抛物线方程是_____.

二、选择题

1. 抛物线 $x^2=-2y$ 的准线方程是( ).
   A. $y=\dfrac{1}{2}$　　　　　　　　　　B. $y=-\dfrac{1}{2}$
   C. $x=\dfrac{1}{2}$　　　　　　　　　　D. $x=-\dfrac{1}{2}$

2. 焦点在 $F(0,2)$ 的抛物线的标准方程是( ).
   A. $y^2=8x$　　　　　　　　　　B. $y^2=4x$
   C. $x^2=8y$　　　　　　　　　　D. $x^2=4y$

3. 抛物线 $y^2=-2px(p>0)$ 的焦点为 F,准线为 l,则 p 表示( ).
   A. F 到 l 的距离　　　　　　　　B. F 到 y 轴距离
   C. F 的横坐标的 2 倍　　　　　　D. F 到 l 距离的 $\dfrac{1}{2}$

4. 顶点在原点,坐标轴为对称轴的抛物线过点 $(-2,3)$,则它的方程是( ).
   A. $y^2=-\dfrac{9}{2}x$　　　　　　　　B. $x^2=\dfrac{4}{3}y$
   C. $y^2=-\dfrac{9}{2}x$ 或 $x^2=\dfrac{4}{3}y$　　D. $x^2=-\dfrac{9}{2}y$ 或 $y^2=\dfrac{4}{3}x$

5. 抛物线 $x=ay^2(a\ne 0)$ 的焦点坐标为( ).
   A. $\left(\dfrac{1}{a},0\right)$　　　　　　　　　B. $\left(\dfrac{1}{2a},0\right)$
   C. $\left(\dfrac{1}{4a},0\right)$　　　　　　　　D. $a>0$ 时,为 $\left(\dfrac{1}{4a},0\right)$;$a<0$ 时,为 $\left(-\dfrac{1}{4a},0\right)$

6. 焦点是 $f(0,-8)$,准线是 $y=8$ 的抛物线的方程是( ).
   A. $y^2=32x$　　　　　　　　　B. $y^2=-32x$
   C. $x^2=32y$　　　　　　　　　D. $x^2=-32y$

三、解答题

1. 求经过点 $(-3,-4)$ 的抛物线的标准方程.

2.在抛物线 $y^2=8x$ 上求一点 P，使 P 到抛物线焦点的距离是 5.

3.一条隧道的顶部是抛物线拱形，已知跨度是 4 m，拱高 2 m，求拱形的抛物线方程.

4.连接原点 O 与抛物线 $y=2x^2+1$ 上一动点 M，延长 OM 到 P，使 $|OM|=|MP|$，求点 P 的轨迹方程.

5.分别求满足下列条件的抛物线的标准方程：
(1)过点 $(-3,2)$；
(2)焦点在直线 $x-2y-4=0$ 上.

第8章　立体几何

第一节　平面及其性质

一、填空题

1.如果一条直线上至少有_____点在平面内,那么这条直线在平面内.

2.如果两个平面有一个公共点,那么它们还有_____,并且所有这些公共点的集合是_____.

3.经过一条直线和这条直线外的_____,有且只有一个平面.

二、选择题

1.过同一条直线上的3个点的平面(　　).

A.有且只有1个　　　　　　　　B.有3个

C.有无数个　　　　　　　　　　D.有0个

2.3条直线两两平行,经过其中两条直线的平面有(　　).

A.无数个　　　　　　　　　　　B.3个或1个

C.3个　　　　　　　　　　　　　D.0个

3.相交于一点的3条直线,最多可确定平面的个数是(　　).

A.1个　　　　　　　　　　　　　B.2个

C.3个　　　　　　　　　　　　　D.无数个

4.过不共面的4个点中的3个点的平面共有(　　).

A.4个　　　　　　　　　　　　　B.0个

C.3个　　　　　　　　　　　　　D.无数个

三、解答题

如果过一点 P 的四条直线 a,b,c,d 都和直线 e 相交,判断 a,b,c,d,e 是否共面,并说明理由.

第二节 空间两条直线的位置关系

1.选择题
(1)如果两条直线 a 和 b 没有公共点,那么 a 与 b (　　).
A.共面　　　　　　　　　　　　　　B.平行
C.是异面直线　　　　　　　　　　　D.可能平行,也可能是异面直线
(2)设 AA_1 是长方体的一条棱,这个长方体中与 AA_1 异面的棱共有(　　).
A.1 条　　　　B.2 条　　　　C.3 条　　　　D.4 条

2.如图所示,在长方体 $ABCD-A_1B_1C_1D_1$ 的 AC 面内有一点 M,在平面 AC 内,过点 M 怎样画一条直线与直线 A_1D_1 平行? 为什么?

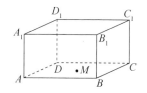

3.如图,已知平面 α 与 β 交于直线 AA_1,点 B,B_1 在 α 内,点 C,C_1 在 β 内.且 AC,A_1C_1,AB,A_1B_1 都垂直于 AA_1,试问 $\angle BAC$ 与 $\angle B_1A_1C_1$ 是否相等?

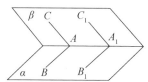

4.如图,已知长方体的棱 $AB=1,BC=2,AA_1=\sqrt{3}$.
(1)求 AB_1 与 C_1D_1 所成角的度数;
(2)求 AD_1 与 BC 所成角的度数.

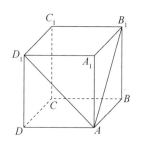

第三节 直线和平面的位置关系

1.选择题:
(1) $a // b$,b 在 α 内,则(　　).
A.a 和 b 共面　　　　　　　　　　B.a 和 α 相交
C.a 和 b 异面　　　　　　　　　　D.a 即可能在 α 内也可能在 α 外或异面

(2)设直线 l 在平面 α 外,则( ).

A.$l/\!/\alpha$　　　　　　　　　　　B.l 和 α 至少有一个公共点

C.l 和 α 相交　　　　　　　　D.l 和 α 至多有一个公共点

(3)下列命题中正确的是( ).

A.如果直线 $a/\!/$ 平面 α,则 α 平行于平面 α 内的无数条直线

B.如果直线 a 平行于平面 α 内的无数条直线,则 $a/\!/\alpha$

C.如果直线 $a/\!/$ 直线 b,且 b 在平面 α 内,则 $a/\!/\alpha$

D.如果直线 $a/\!/$ 直线 b,且 $b/\!/$ 平面 α,则 $a/\!/\alpha$

(4)设直线 a 在平面 α 外,并且 a 与 α 内的两条直线都垂直,则 a 和 α 的位置关系是( ).

A.垂直　　　　B.平行　　　　C.斜交　　　　D.上述都有可能

(5)垂直于三角形两边的直线与三角形所在的平面的位置关系是( ).

A.垂直　　　　B.斜交　　　　C.平行　　　　D.不能确定

(6)在 $\triangle ABC$ 中,$BC=2$,$AB=AC=3$,D 是 BC 的中点,$PA\perp$ 平面 ABC,$PA=\dfrac{4}{3}\sqrt{6}$,则 PD 与平面 ABC 所成的角是( ).

A.$30°$　　　　B.$45°$　　　　C.$60°$　　　　D.$90°$

2.从平面外一点 D 向平面引垂线段 DA 及斜线段 DB,DC,$DA=10$,$\angle BDA=\angle CDA=60°$,$\angle BDC=90°$,求 BC 的长.

3.从平面外一点 P 引平面 α 的垂线段 PO 和斜线段 PA,PB,已知 $PA=8$,$PB=5$,且 $OA:OB=4:\sqrt{3}$,求点 P 到平面 α 的距离.

4.在长方体 $ABCD-A_1B_1C_1D_1$ 中,$AB=4$ cm,$AD=2$ cm,$AA_1=3$ cm,求 AC_1 与平面 $ABCD$、平面 ADD_1A_1、平面 ABB_1A_1 所成的角.

5.如图,一块正方体木块的上底面内有一点 E,要经过点 E 在上底面内画直线,使它与 C,E 的连线垂直,应怎样画?

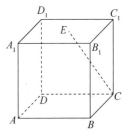

第四节 两个平面的位置关系

1.选择题

(1)下面4种说法中,正确说法的个数是( ).

①如果两个平面不相交,那么它们就没有公共点;

②如果一个平面内的两条直线平行于另一个平面,那么这两个平面平行;

③如果一个平面内的任何一条直线都平行于另一个平面,那么这两个平面平行;

④已知一条直线在两个平行平面中的一个平面内,则在另一个平面内有且只有一条直线与已知直线平行.

　　A.1 个　　　　　B.2 个　　　　　C.3 个　　　　　D.4 个

(2)已知平面 $\alpha /\!/$ 平面 β,若直线 a 在平面 α 内,直线 b 在平面 β 内,则 a 与 b 的关系是( ).

　　A.平行　　　　　B.相交　　　　　C.异面　　　　　D.平行或异面

(3)二面角指的是( ).

A.两个平面相交所组成的图形

B.一个平面绕这个平面内的一条直线旋转所组成的图形

C.从一个平面内的一条直线出发的一个半平面与这个平面所组成的图形

D.从一条直线出发的两个半平面所组成的图形

(4)P 是二面角 α-l-β 的面 α 内的一点,自点 P 向面 β 和棱 l 分别引垂线 PA,PB,A 和 B 分别是垂足,如果 $PA=3$,$PB=6$,则二面角 α-l-β 的大小是( ).

　　A.30°　　　　　B.45°　　　　　C.60°　　　　　D.26°34′

(5)下列4个结论中正确的是( ).

A.垂直于同一平面的两个平面平行

B.二面角的棱必垂直于这个二面角的平面角所在的平面

C.过平面外的一点,有且只有一个平面与已知平面垂直

D.如果两个平面互相垂直,那么一个平面内的一条直线必垂直于另一个平面内的任意一条直线

2.如图所示,$\alpha /\!/ \beta$,AB 和 CD 是夹在 α 和 β 之间的相交线段,它们交点为 S.若 $AS=18.9$ cm,$SB=29.4$ cm,$CD=59.8$ cm,求 CD 被 S 分成的两条线段的长.

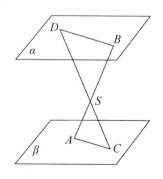

第四节　两个平面的位置关系

3.如图,在二面角 α-l-β 的一个面 α 内有一个已知点 A,它到棱 l 的距离是它到另一个面 β 的距离的 2 倍,试求这个二面角的度数.

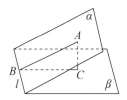

4.如图,ABCD 是正方形,PD⊥平面 ABCD,连接 PA,PB,PC,在平面 PAB,平面 PBC,平面 PCD,平面 PDA 和平面 ABCD 中,哪些平面互相垂直?为什么?

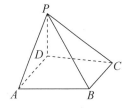

5.如图,过直角△ABC 的斜边 AB 作一平面 α,平面 α 与△ABC 所在的平面 β 成 60°的二面角,如果 AC = 8 cm, BC = 6 cm,求点 C 到平面 α 的距离?

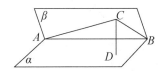

6.如图,以等腰直角三角形 ABC 斜边 BC 上的高 AD 为折痕,使∠BDC 为直角,则平面 ADB⊥平面 BDC,平面 ADC⊥平面 BDC,请说出结论成立的理由.

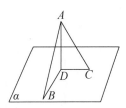

7.已知直角三角形 ABC 的直角边 AB,AC 的长分别是 $2\ cm,2\sqrt{3}\ cm,AP\perp$ 平面 $ABC,AP=1\ cm$,求二面角 $P-BC-A$ 的大小.

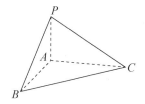

第五节　多面体和旋转体

(一) 判断题

1.有两个面是相互平行的相似多边形,其余各面都是梯形的多面体一定是棱台. (　　)

2.棱锥是侧面为三角形,底面为多边形的几何体. (　　)

3.圆锥顶点与底面圆周上任意一点的连线是圆锥的母线. (　　)

4.将一个等腰梯形绕着它较长的底边所在的直线旋转一周,所得的几何体是由一个圆柱和两个圆锥构成. (　　)

5.正方形的中心投影一定是正方形. (　　)

6.两条相交直线的平行投影一定相交. (　　)

7.若一个几何体的三视图都一样,则这个几何体一定是球体. (　　)

(二) 填空题:

1.直径为 10cm 的一个大金属球,熔化后铸成若干个直径为 2cm 的小球,如果不计损耗,可铸成这样的小球_____个.

2.球的表面积扩大为原来的 3 倍,则它的体积扩大为原来的_____倍.

3.中心角为 135° 的扇形,其面积为 B,其围成的圆锥的全面积为 A,则 $A:B=$_____.

4.把等腰三角形绕底边上的高旋转 180°,所得的几何体是_____.

5.一个圆锥截成圆台,已知圆台的上、下底面半径的比是 1:3,母线长为 10cm,圆锥的母线长为_____.

6.高为 H 的水瓶中注水,注满为止,如果注水量 V 与水深 h 的函数关系的图像如图(1)所示,那么水瓶的形状是_____.

7.用斜二测画法画各边长为 2cm 的正三角形的直观图的面积为_____.

8.一个三角形在其直观图中对应一个边长为 2 的正三角形,原三角形的面积为_____.

9.斜二测画法中,位于平面直角坐标系中的点 $M(8,8)$ 在直观图中对应点是 M',则点 M' 的找法是_____.

10.(1) $\vec{AB}+\vec{BC}=$ _____;

(2) $\vec{BA}+\vec{BC}=$ _____;

(3) $\vec{AB}+\vec{BC}+\vec{CA}=$ _____;

(4) $\vec{AB}+\vec{CD}+\vec{DA}=$ _____.

(三)选择题:

1.在棱柱中( ).

A.只有两个面平行　　　　　　　　B.所有的棱都平行

C.所有的面都是平行四边形　　　　D.两底面平行,且各侧棱也互相平行

2.如图(1)所示的三角形绕直线 l 旋转一周,可以得到如图(2)所示的几何体的是哪一个三角形( ).

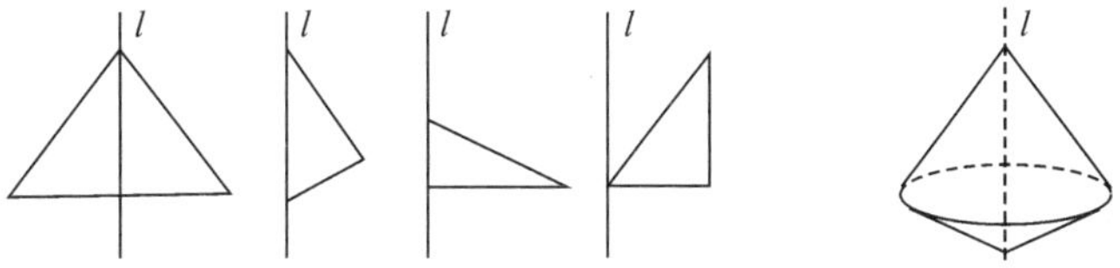

(1)　　　　　　　　　(2)

3.如图所示,一个封闭的立方体,它 6 个表面各标出 1、2、3、4、5、6 这 6 个数字,现放成上图 3 个不同的位置,则数字 1、2、3 对面的数字是( ).

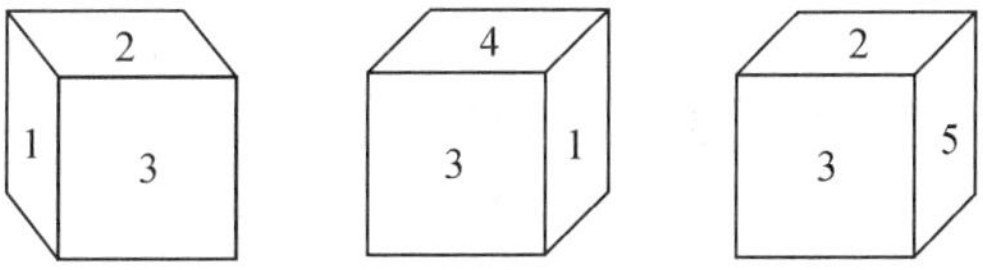

A.4、5、6　　　　　　　　　　　　B.6、4、5

C.5、4、6　　　　　　　　　　　　D.5、6、4

4.有下列命题

(1)在圆柱的上、下底面的圆周上各取一点,则这两点的连线是圆柱的母线;

(2)圆锥顶点与底面圆周上任意一点的连线是圆锥的母线;

(3)在圆台上、下底面圆周上各取一点,则这两点的连线是圆台的母线;

(4)圆柱的任意两条母线所在的直线是互相平行的.

其中正确的是( ).

A.(1)(2)　　　　　　　　　　　　B.(2)(3)

C.(1)(3)　　　　　　　　　　　　D.(2)(4)

5. 下列命题中错误的是( ).

A. 圆柱的轴截面是过母线的截面中面积最大的一个

B. 圆锥的轴截面是所有过顶点的截面中面积最大的一个

C. 圆台的所有平行于底面的截面都是圆

D. 圆锥所有的轴截面是全等的等腰三角形

6. 图(1)是由图(2)中的哪个平面图形旋转而得到的(　　).

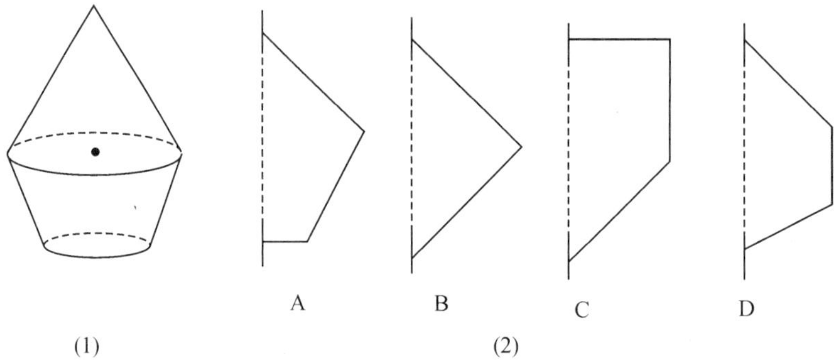

   A.　　B.　　C.　　D.

   (1)　　(2)

7. 图中，_____不是三棱柱的展开图(　　).

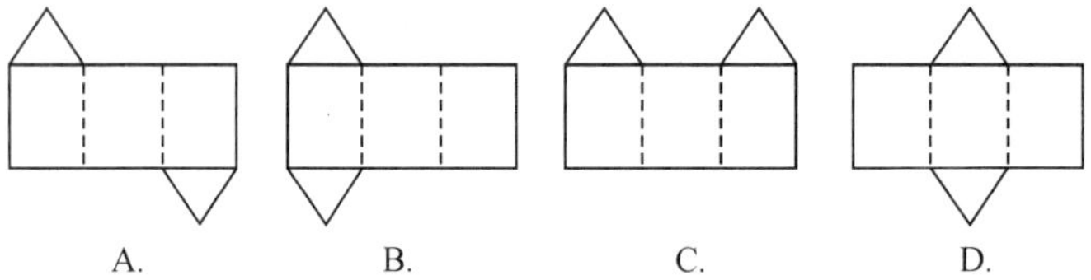

   A.　　B.　　C.　　D.

8. 用一个平面去截一个正方体，截法不同，所得截面的形状不一定相同，在各种截法中，边数最多的截面是(　　).

   A. 四边形　　　　　　　　B. 五边形
   C. 六边形　　　　　　　　D. 八边形

9. 若一个棱锥的各棱长均相等，则该棱锥一定不是(　　).

   A. 三棱锥　　　　　　　　B. 四棱锥
   C. 五棱锥　　　　　　　　D. 六棱锥

10. 关于斜二测画法画直观图说法不正确的是(　　).

    A. 在实物图中取坐标系不同，所得的直观图有可能不同
    B. 平行于坐标轴的线段在直观图中仍然平行于坐标轴
    C. 平行于坐标轴的线段长度在直观图中仍然保持不变
    D. 斜二测坐标系取的角可能是 135°

11. 若一个几何体的三视图都是等腰三角形，则这个几何体可能是(　　).

    A. 圆锥　　　　　　　　　B. 四棱锥
    C. 三棱锥　　　　　　　　D. 三棱台

12. 正方体的内切球和外接球的半径之比为(　　).

    A. $\sqrt{3}:1$　　　　　　　　B. $\sqrt{3}:2$
    C. $2:\sqrt{3}$　　　　　　　　D. $\sqrt{3}:3$

13. 下面多面体中有 12 条棱的是(　　).

    A. 四棱柱　　　　　　　　B. 四棱锥
    C. 五棱锥　　　　　　　　D. 五棱柱

14. 在三棱锥的四个面中，直角三角形最多可有(　　).

    A. 1 个　　　　　　　　　B. 2 个
    C. 3 个　　　　　　　　　D. 4 个

15. 一个水平放置的平面图形的直观图是一个底角为45°，腰和上底长均为1的等腰梯形，则该平面图形的面积等于(　　).

A. $\dfrac{1}{2}+\dfrac{\sqrt{2}}{2}$ B. $1+\dfrac{\sqrt{2}}{2}$

C. $1+\sqrt{2}$ D. $2+\sqrt{2}$

16. 图(1)是一块带有圆形空洞和方形空洞的小木板，则下列物体中既可以堵住圆形空洞，又可以堵住方形空洞的是(　　).

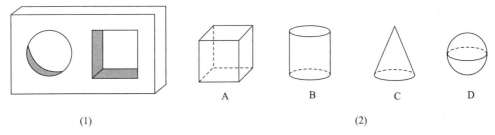

(1)　　　　　　　　　　　(2)

四、解答题：

1. 画下面几何体(图(1))的三视图(尺寸不作严格要求).

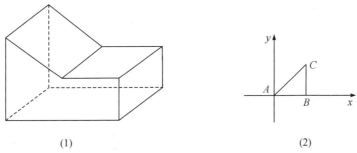

(1)　　　　　　　　　　　(2)

2. 如图(2)，已知 $A(0,0)$，$B(1,0)$，$C(1,1)$，假设 $\triangle ABC$ 绕 y 轴旋转一周. 试画出相应几何体的直观图，并计算其表面积和体积.

3. 一个空间几何体的正视图、侧视图是两个边长为1的正方形，俯视图是直角边长为1的等腰直角三角形，求这个几何体的体积.

4. 正四棱锥的高为6，侧棱长为8，求棱锥的底面边长.

5. 如图(1)，设所给的方向为物体的正前方，试画出它的三视图.

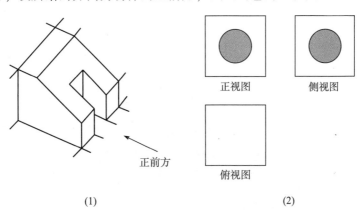

(1)　　　　　　　　　　　(2)

6. 根据图(2)所示物体的三视图(阴影部分为空洞)描绘出物体的大致形状.

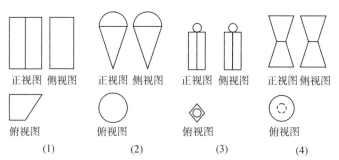

7. 观察各几何体(图)的三视图,想象并说出它们的几何结构特征,然后画出它们的示意图:

8. 已知圆锥的表面积为 $10m^2$,且它的侧面展开图是一个半圆,求这个圆锥的底面直径.

第9章 排列、组合与二项式定理

第一节 计数的基本原理

一、填空题

1. 某城市电话号码由原来 5 位增至 6 位，那么可以增加_____个电话号码.

2. 商店有不同年级的语文、数学、英语练习册各 10 本，买其中一种有_____种方法，买其中两种有_____种方法.

3. （1）由数字 2，3，4，5 可组成_____个三位数，_____个四位数，_____个五位数.

（2）商店里有 15 种上衣，18 种裤子，某人要买一件上衣或一条裤子，共有_____种不同的选法，要买上衣、裤子各一件，共有_____种不同的选法.

4. 沿着长方体的棱，从一个顶点到它相对的另一个顶点的最近的路线有_____条.

5. 书架上摆有 6 本不同的数学参考书和 4 本不同的语文参考书，从书架上任取一本书来阅读，有_____种不同的取法. 如选数学书、语文书和 1 本，共有_____种不同的取法.

6. 经过十字路口处的交通车辆，一共有_____种不同的线路.

7. 有 4 面小旗排成一列，每面小旗可以有 3 种不同的颜色，总共可以表示_____种不同的信号.

8. x，y 是满足 $1 \leqslant x \leqslant 4$，$2 \leqslant y \leqslant 7$ 的整数，以 (x, y) 为坐标的点有_____个.

二、选择题

1. 从甲地到乙地，每天有直达汽车 4 班，从甲地到丙地，每天有 5 个班车，从丙地到乙地，每天有 3 个班车，则从甲地到乙地，不同的乘车法有(_____).

    A. 12 种　　　　　B. 19 种　　　　　C. 32 种　　　　　D. 60 种

2. 将 5 封信投入 3 个邮筒，不同的投法共有(_____).

    A. 5^3 种　　　　　　　　　　　B. 3^5 种

    C. 3 种　　　　　　　　　　　　D. 15 种

3. 火车上有 10 名乘客，沿途有 5 个车站，乘客下车的不同方式有(_____).

    A. 5^{10} 种　　　　　　　　　　B. 10^5 种

    C. 50 种　　　　　　　　　　　D. 以上都不对

4. 5名同学分别报名参加音乐、美术、朗诵3个课外小组,每个限报一种,不同的报名方式共有(   ).

   A. 10 种   B. 60 种
   C. 125 种   D. 243 种

5. 3名教师同时到某个年级的5个班去听课,不同的听课方案共有(   )种.

   A. 10   B. 60
   C. 125   D. 243

6. 由数字1,2,3,4,5组成无重复数字的两位数,其中奇数共有(   )个.

   A. 5   B. 8
   C. 10   D. 12

7. 某天上午要排语文、数学、体育、计算机4节课,其中体育不排在第一节,那么这天上午课程表的不同排法共有(   )种.

   A. 6   B. 9
   C. 18   D. 24

三、解答题

1. 现有高一4个班学生34人,其中一、二、三、四班分别为7人、8人、9人、10人,他们自愿组成数学课外小组.

   (1) 选其中一人为负责人,有多少种不同的选法?
   (2) 每班选一名班长,有多少种不同的选法?
   (3) 推选二人作中心发言,这二人需来自不同的班级,有多少种不同的选法?

2. 4张卡片的正、反面分别有0与1,2与3,4与5,6与7,将其中3张卡片排放在一块,可组成多少个不同的三位数?

3. 某外语社团共有9人,每人至少会英语或俄语中的一种,已知这9人中共有7人会英语,3人会俄语,现从中选出英语、俄语翻译各一人,共有选法多少种?

第二节 排列问题

一、填空题

1. 从 4 个不同元素 a，b，c，d 中任取 2 个元素的所有排列中，含 a 的排列有_____；不含 a，含 b 的排列有_____；不含 a，b，含 c 的排列有_____.

2. 在 2 个排列中，只有_____相同，_____也相同才称为相同的排列.

3. 6 人站一排，甲不站在排头，乙不站在排尾，共有_____种不同排法.

4. 5 名男生和 4 名女生排成一排，其中女生必须排在一起，一共有_____种不同排法.

5. a，b，c，d 排成一行，其中 a 不排第一，b 不排第二，c 不排第三，d 不排第四的不同排法有_____种.

二、选择题

1. 某城市的电话号码由 7 位数组成，且约定电话号码的首位不是 0，则该城市最多可以安装的电话门数是( ).

   A. 10^7 B. 10^6 C. 7^9 D. 9×10^6

2. A、B、C、D、E 五人并排站成一排，如果 A，B 必须相邻且 B 在 A 的左边，那么不同的排法共有( ).

   A. 60 种   B. 48 种   C. 36 种   D. 24 种

3. 下列各式中与排列数 A_n^m 相等的是( ).

   A. $\dfrac{n!}{(m-n)!}$ B. $n(n-1)(n-2)\cdots(n-m)$

   C. $\dfrac{n}{n-m+1}A_{n-1}^n$ D. $A_n^1 A_{n-1}^{m-1}$

4. 从 6 位男同学和 4 位女同学中，选出 3 位男同学和 2 名女同学分别承担 5 种不同的职务，不同的分配方案共有( )种.

   A. $C_5^3 C_4^2$ B. $P_6^3 P_4^2$

   C. $C_6^3 C_4^2 P_5^5$ D. $C_5^3 P_6^3 C_4^2$

5. 要排一张有 5 个独唱节目、3 个合唱节目的节目单，如果合唱节目不排第一个，并且任何两个合唱节目不相邻，则不同的排法种数是( ).

   A. P_8^3 B. $P_5^5 P_3^3$

   C. $P_5^5 P_5^3$ D. $P_5^5 C_4^3$

三、解答题

1. 用列举法写出北京、上海、广州 3 个民航站之间的直达航线，需要准备多少种不同的飞机票？

第9章 排列、组合与二项式定理

2. 用列举法写出由数字 6, 7, 8, 9 组成的没有重复数字的两位偶数.

3. 号码为 1, 2, 3, 4, 5 的五个球，放入编号为一、二、三、四、五的五个盒子中，每盒放一球，且 1 号球不放一号盒, 5 号球不放五号盒，则不同的放法有多少种？

4. 5 名男生、2 名女生站成一排照相：
(1) 2 名女生要在两端，有多少种不同的站法？
(2) 2 名女生都不站在两端，有多少种不同的站法？
(3) 2 名女生要相邻，有多少种不同的站法？
(4) 2 名女生不相邻，有多少种不同的站法？
(5) 女生甲要在女生乙的右边，有多少种不同的站法？

5. 一条铁路线上原有 m 个车站，为客运需要，新增了 n 个车站，使得这条铁路线上新增加了车票 58 种，求 n 和 m 的值.

第三节 组合问题

一、填空题

1. _____叫做从 n 个不同元素中取出 m 个元素的一个组合.
2. 两个组合相同是指_____.
3. 从 a, b, c, d, 中任取两个元素的所有组合是_____.
4. 已知集合 M 满足条件 $\{a_1, a_2\} \subseteq M \subsetneq \{a_1, a_2, a_3, a_4, a_5\}$，则这样的集合 M 共有_____个.

5. 4个不同的小球放入编号为1，2，3，4的4个盒子中，则恰好有1个空盒的放法共_____种.

6.（1）4个不同的小球分成2堆，每堆2个，有_____种分法.

（2）4个不同小球分成3堆，每堆至少1个，有_____种分法.

7. 从4台甲型和5台乙型电视机中任意取出3台，其中至少要有甲型和乙型电视机各1台，则不同的取法共有_____种.

8. 在50种产品中有4件是次品，从中任意抽出5件，至少有3件是次品的抽法共_____种.

二、选择题

1. 从3名男乒乓球运动员中选出一对参加双打比赛，共有（　　）不同的选法.
   A. 2种　　　　B. 3种　　　　C. 4种　　　　D. 6种

2. 从10名学生中选出5名参加一项课外活动，其中甲、乙两人有且只有一人参加，则不同的选法种数是（　　）.
   A. C_8^4　　　B. $C_2^1 C_8^4$　　　C. $C_2^1 A_8^4$　　　D. $C_2^1 C_9^4$

3. 已知 $A_m^3 = 6C_m^4$，则 $m = $（　　）.
   A. 6　　　　　B. 7　　　　　C. 8　　　　　D. 9

4. $C_m^9 - C_{m+1}^9 + C_m^8$ 的值为（　　）.
   A. m　　　　B. $m+1$　　　C. 1　　　　　D. 0

5. 有4名学生报名参加3个不同的兴趣小组，每个兴趣小组至少有1名学生，报名的方案共有（　　）种.
   A. 36　　　　B. 72　　　　C. 144　　　　D. 54

6. 方程 $C_{27}^{x^2-x} = C_{27}^{5x-5}$ 的解的个数是（　　）.
   A. 4　　　　　B. 3　　　　　C. 2　　　　　D. 1

三、解答题

1. 指出下列各问题中，哪些是组合问题，若是组合问题的，请用组合数符号表示结果；如果是排列问题，请直接将结果计算出来：

（1）某班12名男生进行掰手腕子比赛，每2个人比赛一次，共需要比赛多少次？

（2）平面上有3个点 A，B，C，任意连接两点，可得到多少条线段？

第9章 排列、组合与二项式定理

2. 有 7 本不同的书：(1) 全部分给 6 个人，每人至少一本；(2) 全部分给 5 个人，每人至少一本，求各有多少种不同的分法？

3. 计算：

(1) C_{10}^7 及 C_{10}^3.

(2) $C_7^3 + C_7^4$ 及 C_8^4.

第四节　排列组合的应用

一、填空题

1. 从 A 到 B 有 m 种不同的路线，从 B 到 C 有 n 种不同的路线，从 A 直接到 C 有 p 种不同的路线，从 A 到 C 所有不同的路线共有_____种.

2. 若 $P_x^2 = 72$，则 $x =$ _____.

3. 有不同的科技书共 4 本，3 个同学都想借，每人只能借一本，共有_____种不同的借法.

4. 若 $C_{25}^{2x} = C_{25}^{x+7}$，则 $x =$ _____.

5. $C_3^3 + C_4^3 + C_5^3 + \cdots C_{10}^3 =$ _____.

6. 有 6 件不同商品在货架上摆成一排，a，b 两种商品必须放在一起，则不同摆放方法有_____种.

7. 食堂准备了 4 种荤菜、6 种素菜，如果每份套餐 2 荤 2 素，那么可选择的套餐有_____种.

8. 从 15 个学生团员中选两个参加团员代表大会，所有可能的不同选法种数是_____.

9. 从 6 位男生和 4 位女生中，选出 3 位男生和 2 位女生分别担任学校内 5 个不同路口迎宾的职责，不同的分配方案共有_____种（用代数式表示）.

10. 3名司机和6名售票员分别上3辆公共汽车,每辆车1名司机、2名售票员,则共有_____种上车的方法.

二、选择题

1. 由数字1,2,3,4,5组成的没有重复数字的所有三位数,共有(　　)个.
   A. 20　　　　　　　　　　　　B. 30
   C. 60　　　　　　　　　　　　D. 120

2. $P_3^3 \cdot P_4^2$ 的值是(　　).
   A. 144　　　　　　　　　　　　B. 72
   C. 36　　　　　　　　　　　　D. 24

3. $C_3^1 \cdot C_3^2 \cdot P_2^2$ 的值是(　　).
   A. 12　　　　　　　　　　　　B. 18
   C. 32　　　　　　　　　　　　D. 36

4. 下列等式中,不正确的是(　　).
   A. $C_n^m = C_n^{n-m}$　　　　　　　B. $C_n^m = \dfrac{P_n^m}{n!}$
   C. $(n+2)(n+1)P_n^m = P_{n+2}^{m+2}$　　D. $C_n^r = C_{n-1}^r + C_{n-1}^{r-1}$ ($r<n$)

5. 现有4本不同的小说,6本不同的诗歌,3本不同的散文,如果某同学要借2本书,不同的借法种数是(　　).
   A. 156　　　　　　　　　　　　B. 78
   C. 26　　　　　　　　　　　　D. 13

6. 从28名男生、22名女生中选出正、副班长各1名,选法种数是(　　).
   A. P_{28}^2　　　　　　　　　　　　B. C_{50}^2
   C. C_{28}^2　　　　　　　　　　　　D. P_{50}^2

7. 有颜色不同的小旗5面,现取3面依次升上旗杆作出信号,不同的信号种数是(　　).
   A. 15　　　　　　　　　　　　B. 60
   C. 125　　　　　　　　　　　　D. 325

8. 某乒乓球队有9名队员,其中2名是种子选手,现要挑选5名队员参加比赛,种子选手都必须在内,那么不同的选法有(　　).
   A. 35　　　　　　　　　　　　B. 21
   C. 84　　　　　　　　　　　　D. 126

三、解答题

1. 已知集合 $M = \{1, 2, 3, 4, 5, 6\}$,点 $P(a, b)$,其中 $a, b \in M$.
   (1) P 可表示多少个不同的点?
   (2) 若 $a+b=9$,则 $P(a, b)$ 可以表示多少个不同的点?

2. 有6本不同的画册，分给甲、乙、丙3个人：
(1) 如果每个人得到2本，有多少种分法？
(2) 如果甲得1本，乙得2本，丙得3本，有多少种分法？
(3) 如果1人得1本，1人得2本，1人得3本，有多少种分法？

3. 已知 $C_n^{n-1}=28$，求 n，

4. 从8名男生中选6名，从7名女生中选4名去参加一项比赛，共有多少种不同选法？

5. 100件产品中有4件次品，从中任取2件，
(1) 取出的2件都是正品的取法有多少种？
(2) 取出的2件都是次品的取法有多少种？
(3) 取出的2件中恰有1件正品，1件次品的取法有多少种？

6. 书架上层有10本不同的书，下层有8本不同的杂志，从中任取1本，有多少种不同的取法？从上下两层各取1本，有多少种不同的取法？

第五节　二项式定理

一、填空题

1. 二项式 $(2x-1)^7$ 展开式第4项的二项式系数等于_____，第4项的系数等于_____．

2. $(a+b)^8$ 展开式中二项式系数最大项为_____.

3. $C_9^1+C_9^2+C_9^3+\cdots+C_9^8=$ _____.

4. $(1.009)^5\approx$ _____.（精确到 0.001）

5. $(x+3y)^4=$ _____.

6. $\left(2a+\dfrac{b}{2}\right)$ 展开式的中间项是_____.

7. $(y+y^{-2})^9$ 展开式中不含 y 的项是_____.

8. $(1+x)^6(1-x)^5$ 的展开式里含 x^3 项的系数是_____.

二、选择题

1. $(1+x)^{10}$ 展开式的第 8 项是( ).
  A. $C_{10}^7 x^7$ B. $C_{10}^7 x^3$ C. $C_{10}^8 x^8$ D. $C_{10}^8 x^2$

2. $\left(x-\dfrac{1}{2}\right)$ 展开式中的常数项是( ).
  A. 15 B. -15 C. 20 D. -20

3. $(x+2y)^4$ 展开式的中间项的系数是( ).
  A. 8 B. 12 C. 24 D. 32

4. $(x^3-2x)^7$ 的展开式的第 4 项的二项式系数为( ).
  A. 35 B. 280 C. -35 D. -280

5. 在 $(1-x^3)(1+x)^{10}$ 的展开式中，x^5 的系数是( ).
  A. -297 B. -252 C. 297 D. 207

6. 若 $(3x-1)^7=a_0x^7+a_1x^6+a_2x^5+\cdots+a_6x+a_7$，则 $a_0+a_1+a_2+\cdots+a_7=$ ( ).
  A. 0 B. 1 C. 64 D. 128

三、解答题

1. 写出 $(m-n)^6$ 的展开式.

2. 求 $(x^2+2)^8$ 的展开式中第 4 项的系数及这一项的二项式系数.

3. 若 $(1+x)^{36}$ 的展开式中第 18 项和第 20 项相等，且 $x\neq 0$，求 x 的值.

4. 如果 $(1+x)^n$ 的展开式中，x^3 的系数等于 x 的系数的 7 倍，求 n 的值．

5. 写出 $(x-y)^{11}$ 的展开式中：

(1) 通项 T_{r+1}；

(2) 二项式系数最大的项；

(3) 系数绝对值最大的项；

(4) 系数最大的项；

(5) 系数最小的项；

(6) 二项式系数的和；

(7) 各项系数的和．

第10章 概 率

第一节 古典概率

一、填空题

1. 一个盒子里有4个相同的球,其中1个白球、1个黑球、1个红球、1个绿球,搅匀后从中任意摸出一球,则取得红球的概率为_____.

2. 10个人站成一排,其中甲、乙、丙3人恰巧站在一起的概率为_____.

3. 盒中有20颗围棋子,其中15颗白子,5颗黑子,从盒中任取1颗,取到白子的概率是_____.

4. 掷2次骰子,2次都出现5点的概率为_____,两次都没有出现5点的概率为_____.

5. 2个电子元件能正常工作的概率是0.8,若这两个元件组成串联电路,这个电路能正常工作的概率是_____.

6. 一大批产品的次品率为0.1,从中任意抽取10件产品进行检验:抽到的次品数用ζ表示,则ζ的概率分布是_____,"$\zeta=1$"表示_____的事件,"$\zeta \geqslant 1$"表示_____的事件.

7. 下面给出4个事件:①若$x \in \mathbf{R}$,则$x^2<0$;②没有水分,种子发芽;③某地圣诞节下雪;④若平面$\alpha \cap$平面$\beta=m$,$n // \alpha$,$n // \beta$,则$m // n$. 其中是必然事件的是_____(写出所有正确结论的序号).

二、选择题

1. 下列事件中,随机事件的个数为( ).
①明天是阴天;
②方程$x^2+2x+5=0$有两个不相等的实根;
③明年长江武汉的最高水位是29.8 m;
④一个三角形的大边对小角,小边对大角.
A. 1   B. 2   C. 3   D. 4

2. 下面给出了4个事件:①明天天晴;②在常温下,焊锡熔化;③自由下落的物体做匀加速直线运动;④函数$y=a^x$($a>0$,$a \neq 1$)在定义域上为增函数. 其中随机事件个数为( ).
A. 0   B. 1   C. 2   D. 3

3. 一个口袋装有 15 个同样大小而且质量分布密度相同的球，其中 10 个白球、5 个黑球，从中摸出一个白球和一黑球的概率是(　　).

　　A. 10/21　　　　　　　　　　B. 3/7
　　C. 2/21　　　　　　　　　　 D. 4/7

4. 下列事件中，不可能的事件是(　　).

　　A. 三角形的内角和为 180°
　　B. 三角形中大边对的角大，小边对的角小
　　C. 锐角三角形中两个内角和小于 90°
　　D. 三角形中任意两边的和大于第三边

5. 下列结论正确的是(　　).

　　A. 事件 A 的概率 $P(A)$ 必有 $0 < P(A) < 1$
　　B. 事件 A 的概率 $P(A) = 0.999$，则事件 A 是必然事件
　　C. 用某种药物对患有胃溃疡的 500 名病人治疗，结果有 380 人有明显的疗效，现有某胃溃疡病人服用此药，则估计有明显疗效的可能性为 76%
　　D. 某奖券中奖率为 50%，则某人购买此券 10 张，一定有 5 张中奖

6. 从 12 个同类产品（其中 10 个是正品、2 个是次品）中，任意抽取 3 个产品，则下列事件中是必然事件的是(　　).

　　A. 3 个都是正品　　　　　　B. 至少有 1 个是次品
　　C. 3 个都是次品　　　　　　D. 至少有 1 个是正品

三、解答题

1. 某组有 16 名学生，其中男、女生各占一半，把全组学生分成人数相等的两小组，求每小组里男、女生人数相同的概率.

2. 把 1，2，3，4，5 各数分别写在 5 张卡片上，随机地取出 3 张排成自左向右顺序，组成三位数，求：

（1）所得三位数是偶数的概率；
（2）所得三位数小于 350 的概率；
（3）所得三位数是 5 的概率.

3. 向桌面投掷骰子 1 次,求:
(1) 向上的数是 8 的概率;
(2) 向上的数是 1,2,3,4,5,6 其中之一的概率.

4. 在抛掷 3 枚均匀硬币的随机试验中,请列举基本事件有多少个?

5. 5 人并排坐在一起照相,计算:
(1) 甲恰好坐在正中间的概率;
(2) 甲、乙 2 人恰好坐在一起的概率;
(3) 甲、乙 2 人恰好坐在两端的概率;
(4) 甲坐在中间、乙坐在一端的概率.

6. 有 10 件产品,其中有 2 件次品,从中随机抽取 3 件,求:
(1) 其中恰有 1 件次品的概率;
(2) 至少有 1 件次品的概率.

第二节　概率的加法公式

一、填空题

1. 在一个袋内装有大小相同的红球 5 人、黑球 4 个、白球 2 个、绿球 1 个,今从袋中任意摸取 1 球,则摸出红球或黑球的概率是_____.

2. 某射手在一次射击中,射中 8 环的概率为 0.29,射中 9 环或 10 环的概率为 0.4,则射击不够 8 环的概率是_____.

第10章 概　率

3. 用数字 0，1，2，3，4，5 组成没有重复数字且比 240 135 大的数的概率为＿＿＿＿．

4. 有 7 张数字卡片，其中 4 张是正数，3 张是负数，从中任取 2 张作乘法，其积为负数的概率是＿＿＿＿．

5. 某年级有 6 个班，新年联欢会上每班出一个节目，用抽签的方式编排节目，（1）班的节目恰好排在第一，（2）班的节目恰好排在第二的概率是＿＿＿＿．

6. 一个电子元件正常工作的概率为 0.97，则它不能正常工作的概率为＿＿＿＿．

二、选择题

1. 某人在打靶中，连续射击 2 次，事件"至少有一次中靶"的互斥事件是（　　）．
   A. 至多有一次中靶　　　　　　B. 两次都中靶
   C. 两次都不中靶　　　　　　　D. 只有一次中靶

2. 甲乙两人下棋、甲不输的概率为 0.8，两人下成和棋的概率为 0.5，则甲胜的概率为（　　）．
   A. 0.3　　　　B. 0.8　　　　C. 0.5　　　　D. 0.4

3. 一个均匀的正方体玩具各个面上分别标以数 1，2，3，4，5，6，将这个玩具向上抛一次，设事件 A 表示向上一面出现的奇数点，事件 B 表示向上的一面出现的点数不超过 3，事件 C 表示向上的一面出现的点数不少于 4，则（　　）．
   A. A 与 B 是互斥而非对立事件　　　B. A 与 B 是对立事件
   C. B 与 C 是互斥而非对立事件　　　D. B 与 C 是对立事件

4. 有 20 个零件，其中有 16 个正品、4 个次品，若从 20 个零件中任取 3 个，那么至少有 1 个是正品的概率是（　　）．
   A. $\dfrac{C_{16}^1 C_4^2}{C_{20}^3}$　　　　　　　　　B. $\dfrac{C_{16}^2 C_4^1}{C_{20}^3}$
   C. $\dfrac{C_{16}^2 C_4^1 + C_{16}^3}{C_{20}^3}$　　　　　D. 以上都不对

5. 在 5 张卡片上分别写上数字 1，2，3，4，5，然后将它们混在一起，再任意排成一行，则得到的数能被 5 或 2 整除的概率为（　　）．
   A. 0.2　　　　　　　　　　　B. 0.4
   C. 0.6　　　　　　　　　　　D. 0.8

三、解答题

1. 判断下列每队事件是不是互斥事件，并说明理由．
   对敌机进行两次射击，每次射一弹，其中：
   （1）两弹都击中与两弹都未击中；
   （2）两弹都未击中与至少有一弹击中；
   （3）两弹都击中与恰有一弹击中．

2. 已知在一批产品中，任意抽取 3 件产品，其中没有次品的概率为 0.18，恰有 1 件次品的概率为 0.53，恰有 2 件次品的概率为 0.27，3 件全是次品的概率为 0.02，求：
（1）至少有 2 件次品的概率；
（2）最多有 1 件次品的概率.

3. 某射手在一次射击中，击中 10 环、9 环、8 环的概率分别为 0.24，0.28，0.29，计算这个射手在一次射击中：
（1）击中 10 环或 9 环的概率；
（2）至少击中 8 环的概率.

4. 第十七届世界杯足球赛小组赛在 4 支球队中进行，赛前，巴西队、土耳其队、中国队等共 8 支球队抽签分组. 求巴西队、土耳其队被分在同一小组的概率.

5. 某学校共有 108 名教职员工，其中学校领导 6 人、职员 10 人、教师 92 人，从这 108 人中任选 3 人参加某项活动，求（精确到 0.001）：
（1）恰有 1 名领导且至多有 1 名职员的概率；
（2）至少有 2 名教师的概率；
（3）至多有 1 名领导的概率；
（4）恰有 1 名领导、1 名职员、1 名教师的概率.

第三节　相互独立事件同时发生的概率

一、填空题

1. 甲、乙两个篮球队员在罚球时投篮的命中率分别为 0.7 和 0.6，每人投篮 3 次，则每人都恰好投进 2 个球的概率为_____.（保留 4 个有效数字）

第10章 概 率

2. 事件 A，B 相互独立，若事件 A 发生的概率为 P，事件 B 发生的概率为 $1-P$，则 A 与 B 同时发生的概率的最大值是_____．

3. 某射手射击一次，击中目标的概率是 0.9，他连续射击 5 次，第二次未击中，其他 4 次都击中的概率是_____．

4. 气象预报的准确率达 95%，那么每周预报错误 2 天的概率是_____．

二、选择题

1. 盘中有 3 个苹果、2 个梨，从中不放回取两次，每次取 1 个水果，则 2 个事件 A_1："第一次取出的是苹果"与 A_2："第二次取出的是苹果"是(　　)．

   A. 互斥事件　　　　　　　　　B. 相互独立事件
   C. 对立事件　　　　　　　　　D. 不相互独立事件

2. 在一批产品中，有 n 件正品和 m 件次品，对产品逐个进行检验，如已检前 k（$k<n$）件产品均为正品，则第 $k+1$ 次检验的产品仍为正品的概率是(　　)．

   A. $\dfrac{n-k}{n+m-k}$　　　　　　　　B. $\dfrac{k+1}{n+m}$

   C. $\dfrac{n-k-1}{n+m-k-1}$　　　　　　D. $\dfrac{k+1}{n+m-k}$

3. 一个学生通过某种英语测试的概率是 0.5，他连续测试 2 次，那么其中恰有 1 次获得通过的概率是(　　)．

   A. 0.25　　　B. 0.33　　　C. 0.5　　　D. 0.75

4. 有一道竞赛题，A 生解出它的概率为 $\dfrac{1}{2}$，B 生解出它的概率为 $\dfrac{1}{3}$，C 生解出它的概率为 $\dfrac{1}{4}$，则 A，B，C 3 人独立解答此题只有 1 人解出的概率为(　　)．

   A. $\dfrac{1}{24}$　　　B. $\dfrac{11}{24}$　　　C. $\dfrac{17}{27}$　　　D. 1

5. 在 100 张奖券中，有 4 张中奖，从中任取 2 张，这 2 张都中奖的概率是(　　)．

   A. $\dfrac{1}{50}$　　　B. $\dfrac{1}{25}$　　　C. $\dfrac{1}{625}$　　　D. $\dfrac{1}{4950}$

6. 甲、乙两人各掷一颗均匀的骰子，甲掷出的点数大于乙掷出的点数的概率是(　　)．

   A. $\dfrac{1}{2}$　　　B. $\dfrac{1}{3}$　　　C. $\dfrac{2}{5}$　　　D. $\dfrac{5}{12}$

7. 从装有 2 个红球和 2 个黑球的口袋内任取 2 个球，那么互斥而不对立的 2 个事件是(　　)．

   A. 至少有 1 个黑球与都是黑球
   B. 至少有 1 个黑球与至少有 1 个红球
   C. 恰有 1 个黑球与恰有 2 个红球
   D. 至少有 1 个黑球与都是红球

8. 甲、乙两人各进行一次射击，如果两人击中目标的概率都是 0.6，则两人都击中目标的概率为(　　)．

   A. 0.6　　　B. 0.36　　　C. 1.2　　　D. 1

三、解答题

1. 在一次战斗中，3名战士同时向敌机开炮射击，1人专射驾驶员，1人专射油箱，1人专射发动机，他们的命中率分别为$\frac{1}{3}$，$\frac{1}{2}$，$\frac{1}{2}$，3个人的射击是相互独立的，任何1人射中则敌机即被击落，求敌机被击落的概率.

2. 现有甲、乙两批种子，发芽率分别为0.8，0.7，从这两批种子中各取1粒种子，求：
(1) 2粒种子都能发芽的概率；
(2) 恰好有1粒种子发芽的概率.

3. 有一批电子元件，每个元件能正常工作的概率为0.9，其中取3个组成一个串联电路，求这个电路能正常工作的概率.

4. 某保险公司办的一种人寿保险，现有2 000人参加，如果一年里参加这种保险的人中每人死亡的概率是0.001，求一年里参加这种保险的人中死亡人数不多于3人的概率.

第11章 数 列

第一节 数 列

一、填空题

1. 已知数列 $\{a_n\}$ 的通项公式为 $a_n = \dfrac{1}{n(n+2)}$，那么 $\dfrac{1}{120}$ 是这个数列的第_____项.

2. 已知数列 $\{a_n\}$ 中，$a_1 = -6$，$a_{n+1} = a_n + 3$，则 $a_n =$ _____.

3. 已知无穷数列：1×2，2×3，3×4，…，$n(n+1)$，…，则这个数列的第 10 项是_____.

4. 数列 9，99，999，…的通项公式是_____.

5. 通项公式为 $a_n = -2^{n-1} + 3$ 的数列的前 5 项为_____.

二、选择题

1. 以下 4 个数中，是数列 $\{n(n+1)\}$ 中的一项是( ).
   A. 17   B. 32   C. 39   D. 380

2. 数列 0，2，0，2，0，2，…的一个通项公式是( ).
   A. $a_n = 1 + (-1)^{n-1}$ B. $a_n = 1 + (-1)^n$
   C. $a_n = 1 + (-1)^{n+1}$ D. $a_n = 2\sin\dfrac{n\pi}{2}$

3. 某数列为 $\sqrt{2}$，$\sqrt{5}$，$2\sqrt{2}$，$\sqrt{11}$，…，则 $2\sqrt{5}$ 是这个数列的( ).
   A. 第 6 项   B. 第 7 项   C. 第 10 项   D. 第 11 项

4. 数列 1，0，1，0，1，…的通项公式是( ).
   A. $a_n = \dfrac{1-(-1)^{n+1}}{2}$ B. $a_n = \dfrac{1+(-1)^{n+1}}{2}$
   C. $a_n = \dfrac{(-1)^n - 1}{2}$ D. $a_n = \dfrac{-1-(-1)^n}{2}$

5. 已知数列 $\{a_n\}$ 的通项公式为 $a_n = \dfrac{2}{n^2 + n}$，那么 $\dfrac{1}{10}$ 是它的( ).
   A. 第 4 项   B. 第 5 项
   C. 第 6 项   D. 第 7 项

6. 设数列的通项公式 $a_n = f(n)$ 是一个函数，则它的定义域是(　　).
A. 非负整数
B. 一定是正整数集 $\mathbf{N}^*$
C. 正整数集 $\mathbf{N}^*$ 的一个有限子集
D. 正整数集 $\mathbf{N}^*$ 或 $\{1, 2, 3, \cdots, n\}$

7. 在数列 2, 5, 9, 14, 20, x, … 中，x 的值应该是(　　).
A. 24　　　　B. 25　　　　C. 26　　　　D. 27

三、解答题

1. 按照下列已知条件，写出数列 $\{a_n\}$ 的前 5 项：
(1) $a_1 = 2$, $a_{n+1} = a_n - 3$；
(2) $a_1 = 1$, $a_{n+1} = a_n + n$.

2. 写出数列的一个通项公式，使它的前 6 项分别是下列各数：
(1) 1, -2, 3, -4, 5, -6, …；
(2) -1, 2, -3, 4, -5, 6, …；
(3) -1, -2, -3, -4, -5, -6, ….

▶ 第二节　等差数列及其通项公式

一、填空题

1. 已知等差数列 $\{a_n\}$ 中，公差 $d = \dfrac{3}{4}$，$a_{28} = 14\dfrac{1}{4}$，则 $a_1 =$ ＿＿＿＿.

2. 一个等差数列的首项是 89，公差为 25，则此数列从第＿＿＿＿项起开始大于 1 999.

3. 在等差数列 $\{a_n\}$ 中，$a_2 + a_5 = 8$，$a_3 + a_7 = 14$，则 $a_1 =$ ＿＿＿＿，$d =$ ＿＿＿＿.

4. 在等差数列 $\{a_n\}$ 中，$d = 2$，$a_{10} = 14$，则 $a_2 + a_4 =$ ＿＿＿＿.

5. 等差数列 $\{a_n\}$ 的首项 $a_1 = 33$，公差 d 为整数，若前 7 项为正数，第 7 项以后的各项都是负数，则 d 的值为＿＿＿＿.

二、选择题

1. 首项是 81，公差是 -7 的等差数列中，与零最靠近的项是(　　).
A. a_{12}　　　　B. a_{13}　　　　C. a_{14}　　　　D. a_{15}

第11章 数列

2. 等差数列中，$a_1=3$，$a_{100}=36$，则 a_{100} 等于（　　）.
   A. 36　　　　B. 38　　　　C. 39　　　　D. 42

3. 2 000 是等差数列 4，6，8，…的（　　）.
   A. 第 998 项　　B. 第 999 项　　C. 第 1 000 项　　D. 第 1 001 项

4. 一个等差数列 $\{a_n\}$ 中，$a_5=10$，$a_1+a_2+a_3=3$，则有（　　）.
   A. $a_1=-2$，$d=3$　　　　　　B. $a_1=2$，$d=-3$
   C. $a_1=-3$，$d=2$　　　　　　D. $a_1=3$，$d=-2$

5. 数列 $\{a_n\}$ 的通项公式 $a_n=2n+5$，则此数列（　　）.
   A. 是公差为 5 的等差数列　　　　B. 是公差为 2 的等差数列
   C. 是首项为 5 的等差数列　　　　D. 是公差为 n 的等差数列

6. 已知等差数列 $\{a_n\}$ 的前 3 项依次为 $a-1$，$a+1$，$a+3$，则此数列的通项为（　　）.
   A. $a_n=a+2n-5$　　　　　　　B. $a_n=a+2n-3$
   C. $a_n=a+2n-1$　　　　　　　D. $a_n=a+2n+1$

三、解答题

1. 已知数列的通项公式为 $a_n=-0.3n^2+2n+7\dfrac{2}{3}$，求它的数值最大的项.

2. 设等差数列由 3 个数组成，3 项的和为 21，3 项的平方和为 179，求此数列.

3. 已知 3 个数成等差数列，其和为 15，首末两项的积为 9，求这 3 个数.

4. 一个等差数列的第 3 项是 9，第 9 项是 3，求它的第 12 项.

5. 等差数列 $\{a_n\}$ 中，第 p 项 $a_p=q$，第 q 项 $a_q=p$ ($p\neq q$)，求 a_{p+q}.

第三节 等差中项

一、填空题

1. 已知等差数列 $\{a_n\}$ 中，a_3 和 a_{15} 是方程 $x^2-6x-1=0$ 的两个根，则 $a_7+a_8+a_9+a_{10}+a_{11}$_____.

2. 在等差数列 $\{a_n\}$ 中，若 $a_3=5$，$a_5=30$，则 $a_7=$_____.

3. 一个等差数列 $\{a_n\}$ 中，$a_1=1$，末项 $a_n=100$ ($n\geq 3$)，若公差为正整数，那么项数 n 的取值有_____种可能.

二、选择题

1. $a+c=2b$ 是 a，b，c 成等差数列的( ).
   A. 充分非必要条件 　　　　　　B. 必要非充分条件
   C. 充要条件 　　　　　　　　　D. 既不充分又不必要条件

2. 等差数列中，$a_1=3$，$a_{100}=36$，则 a_3+a_{98} 等于( ).
   A. 36 　　　　B. 38 　　　　C. 39 　　　　D. 42

3. $1+3+5+\cdots+(2n+1)=$ ( ).
   A. n^2 　　　　　　　　　　　B. $n(n+1)$
   C. $(n+1)^2$ 　　　　　　　　　D. 以上均不对

4. 数列 $x-y$，x，$x+y$，$\cdots$ 的通项公式是( ).
   A. $a_n=x+ny$ 　　　　　　　　B. $a_n=x+(n-1)y$
   C. $a_n=x+(n-2)y$ 　　　　　　D. 以上都不对

三、解答题

1. 在等差数列 $\{a_n\}$ 中，

（1）已知 $a_1=5$，$a_{99}=107$，求 $a_{27}+a_{36}+a_{64}+a_{73}$；

（2）已知 $d>0$，$a_4 \cdot a_6=-15$，$a_3+a_7=-2$，求 a_n.

2. 求下列各组数的等差中项：

(1) 732 与 -136；

(2) $\dfrac{49}{2}$ 与 42.

3. 在 33 到 89 之间插入 4 个数使之成为一等差数列，求这四个数.

第四节　等差数列的前 n 项和

一、填空题

1. 在等差数列 $\{a_n\}$ 中，$a_1+a_2+a_3=15$，$a_n+a_{n-1}+a_{n-2}=78$，$S_n=155$，则 $n=$ _____.

2. 等差数列 200，$199\dfrac{2}{3}$，$\cdots$，-100 的后 200 项的和等于 _____.

3. 等差数列 $\{a_n\}$ 的前 n 项和为 S_n，且 $S_{10}=100$，$S_{100}=10$，则 $S_{110}=$ _____.

4. 已知数列 $\{a_n\}$ 的前 n 项和 $S_n=4n^2+2$（$n\in \mathbf{N}$），则 $a_n=$ _____.

5. 设等差数列 $\{a_n\}$ 的前 n 项和为 S_n，且满足 $S_p=S_q$（$p,q\in \mathbf{N}$，$q\neq p$），则 $S_{q+p}=$ _____.

二、选择题

1. 在等差数列 $\{a_n\}$ 中，公差 $d=2$，$S_{20}=60$，则 S_n 等于(　　).

A. 62　　　　B. 64　　　　C. 84　　　　D. 100

2. 等差数列 $\{a_n\}$ 的公差为 d，则前 20 项的和等于(　　).

A. $20a_{20}$　　　　　　　　B. $20a_{10}+10d$

C. $20a_1+380d$　　　　　　D. a_1+380d

3. 一个梯子有 11 个横档，相邻两档间的距离相等，已知最下档长为 50 cm，最上档长为 40 cm，则从下向上第 7 档长为(　　).

A. 46 cm　　　B. 45 cm　　　C. 44 cm　　　D. 43 cm

4. 一个凸多边形的内角成等差数列，其中最小角为 120°，公差为 5°，则多边形的边数为(　　).

A. 9　　　　B. 16　　　　C. 9 或 16　　　　D. 14

三、解答题

1. 在等差数列 $\{a_n\}$ 中，已知 $a_8=-3$，$d=-3$，求 a_1 和 S_8.

2. 已知 3 个数成等差数列，它们的和为 15，各数的平方和为 83，求这 3 个数.

3. 已知 3 个数 2，x，y 成等差数列，并且这 3 个数的和是 30，试求 x，y 的值.

4. 根据下列各题条件，求相应等差数列 $\{a_n\}$ 的 S_n：

（1）$a_1=5$，$a_n=95$，$n=10$；

（2）$a_1=100$，$d=-2$，$n=50$；

（3）$a_1=\dfrac{2}{3}$，$a_n=-\dfrac{3}{2}$，$n=14$；

（4）$a_1=14.5$，$d=0.7$，$a_n=32$.

第11章 数列

第五节 等比数列和等比中项

一、填空题

1. 等比数列 $\dfrac{8}{9}$，$-\dfrac{2}{3}$，$\dfrac{1}{2}$，$-\dfrac{3}{8}$，…的通项公式 $a_n =$ _____．

2. 设 $\sqrt{3}$，$x+1$，$\sqrt{27}$ 成等比数列，则 x 的值等于 _____．

3. 等比数列 $\{a_n\}$ 中，$a_2 = -2$，$a_4 = -8$，则 $a_6 =$ _____．

4. 已知 $b > a > 0$，且 a，b，c 成等比数列，而 $\dfrac{1}{a}$，$\dfrac{13}{72}$，$\dfrac{1}{b}$ 成等差数列，则 $a =$ _____，$b =$ _____．

5. 在等比数列 $\{a_n\}$ 中，$a_1 = \dfrac{1}{3}$，$a_{n+1} = 2a_n$，则 $a_n =$ _____，$a_5 =$ _____．

6. 已知 3，x，y 成等差数列，3，$x-6$，y 成等比数列，则 $x =$ _____，$y =$ _____．

二、选择题

1. 在等比数列 $\{a_n\}$ 中，$a_1 = \sqrt{2}$，$a_2 = \sqrt[3]{2}$，则 a_4 等于（　　）．
   A. 1　　　　　B. $\sqrt[7]{2}$　　　　　C. $\sqrt[8]{2}$　　　　　D. $\sqrt[9]{2}$

2. $\sqrt{13}+\sqrt{2}$ 与 $\sqrt{13}-\sqrt{2}$ 等比中项是（　　）．
   A. $\sqrt{11}$　　　　B. $-\sqrt{11}$　　　　C. $\pm\sqrt{11}$　　　　D. $+\sqrt{13}$

3. $b^2 = ac$ 是 a，b，c 成等比数列的（　　）．
   A. 充分但不必要条件　　　　B. 必要但不充分条件
   C. 充要条件　　　　　　　　D. 既不充分也不必要条件

4. 已知 x，$2x+2$，$3x+3$ 是一个等比数列的前 3 项，则第 4 项等于（　　）．
   A. -27　　　　　　　　　B. -13.5
   C. 13.5　　　　　　　　　D. 12

5. 在等比数列 $\{a_n\}$ 中，已知首项 $a_1 = \dfrac{9}{8}$，末项 $a_n = \dfrac{1}{3}$，公比 $q = \dfrac{2}{3}$，则项数 n 是（　　）．
   A. 3　　　　　B. 4　　　　　C. 5　　　　　D. 6

6. 等比数列 $\{a_n\}$ 各项均为正数，$q \neq 1$，$P = \dfrac{a_3 + a_9}{2}$，$Q = \sqrt{a_5 \cdot a_7}$，则 P 与 Q 的大小关系是（　　）．
   A. $P > Q$　　　　　　　　B. $P < Q$
   C. $P = Q$　　　　　　　　D. 不能确定

7. 等比数列 $\dfrac{2}{3}$，$\dfrac{1}{2}$，$\dfrac{3}{8}$，…的公比 q 是（　　）．
   A. $\dfrac{3}{2}$　　　　　B. $\dfrac{2}{3}$　　　　　C. $\dfrac{3}{4}$　　　　　D. 以上都不对

8. 9, a, b, 243 是等比数列，则 a, b 的值分别是( ).

A. 27, 81   B. $27\sqrt{3}$, 81   C. -27, 81   D. $-27\sqrt{3}$, 81

三、解答题

1. 已知 a, b, c 成等比数列，$a+b+c=7$，$abc=-27$，求公比 q.

2. 在等比数列 $\{a_n\}$ 中，$a_3+a_6=36$，$a_4+a_7=18$，$a_n=\dfrac{1}{2}$，求 n.

3. 在一个首项为 2 的等比数列中，第 A 项是 486，第 $2k-4$ 项是 4 374，求公比 q.

4. 等比数列 $\{a_n\}$ 中，$a_3=3$，$a_6=-\dfrac{81}{8}$，求 a_4.

5. 等比数列 $\{a_n\}$ 中，$a_3-a_n=10$，$a_1+a_2=15$，求数列的通项公式.

第六节 等比数列的前 n 项和

一、填空题

1. 在等比列 $\{a_n\}$ 中，已知 a_1 和 a_{10} 是方程 $3x_2-2x-6=0$ 的两根，则 $a_4 \cdot a_7 = $ _____ .

第 11 章 数 列

2. 设 $f(n+1) = 2f(n)$ $(n \in \mathbf{N}^*)$ 且 $f(1) = 2$，则 $f(5) = $ _____ .

3. 在等比数列 $\{a_n\}$ 中，$a_5 = 5$，$a_{10} = 10$，则 $a_{15} = $ _____ .

4. 已知 $\{a_n\}$ 是等比数列，$a_1 + a_2 + a_3 = 3$，$a_2 + a_3 + a_4 = -6$，则 $a_5 + a_6 + a_7 = $ _____ .

5. 若 a，b，4，c 成等比数列，公比为 $\sqrt{2}$，则 a，b，c 的值分别是 _____ .

6. 在等比数列中，$a_1 = 3$，$a_n = 96$，$S_n = 189$，则 $n = $ _____ .

二、选择题

1. 公差不为 0 的等差数列 $\{a_n\}$ 中，a_2，a_3，a_6 成等比数列，则其公比 q 为( ).

    A. 1   B. 2
    C. 3   D. 4

2. 等比数列 $\{a_n\}$ 中，$S_4 = 3$，$q = 3$，则 $a_5 = ($).

    A. 6   B. $\dfrac{151}{20}$

    C. $\dfrac{243}{40}$ D. $\dfrac{81}{15}$

3. 等比数列 $1, a, a^2, \cdots, a^n$ 的和为( ).

    A. $\dfrac{1-a^n}{1-a}$ B. $\dfrac{1-a^{n+1}}{1-a}$

    C. $\begin{cases} \dfrac{1-a^n}{1-a} & (a \neq 1) \\ n & (a = 1) \end{cases}$ D. $\begin{cases} \dfrac{1-a^{n+1}}{1-a} & (a \neq 1) \\ n+1 & (a = 1) \end{cases}$

4. 某工厂去年十二月的月产量为 a，已知月平均增长率为 p，则今年十二月的月产值比去年同期增加的倍数是( ).

    A. $(1+p)^{12} - 1$ B. $(1+p)^{12}$
    C. $(1+p)^{11} - 1$ D. $12p$

三、解答题

1. 在等比数列中，$a_3 = 1\dfrac{1}{2}$，$S_3 = 4\dfrac{1}{2}$，求公比 q.

2. 一个等比数列的第 3 项是 -1，前 3 项的和是 -3，求此数列中的首项与公比.

3. 已知数列 $\{a_n\}$ 的前 n 项和 $S_n = 3^{n+1} - 3$,求证:$\{a_n\}$ 是等比数列.

4. 在等比数列 $\{a_n\}$ 中,$a_1 + a_n = 66$,$a_2 \cdot a_{n-1} = 128$,$S_n = 126$,求 n 及公比 q.

5. 3 个数成等比数列,其和为 26,其平方和为 364,求这 3 个数.

6. 某化肥厂计划 5 年内平均每年的产量比前一年增长 20%,如果第一年的产量为 8 万吨,求 5 年内总产量(精确到 1).

第 12 章　复　数

第一节　复数的概念

1. 写出下列复数的实部和虚部.

$-3-2i$, $\dfrac{\sqrt{2}}{2}+\dfrac{\sqrt{3}}{2}i$, $\dfrac{1-\sqrt{3}i}{2}$, $-i$, 10.

第二节　复数的运算

1. 已知实数 x, y 分别满足下列各式, 求 x 和 y 的值.

（1）$(x-y)+(x+2y)i=-1+2i$；

（2）$(2x-y+3)+(x+3y-1)i=0$；

（3）$(2+x)+(2x-y)i=-4$.

第三节 复数的几何表示

2. 已知复数 -3, $3-4i$, $\dfrac{1-\sqrt{3}i}{2}$, $-i$, $2-\sqrt{2}i$.

（1）求出上述每个复数的共轭复数；
（2）在复平面内描出这些复数对应的点，以及它们的共轭复数对应的点.

3. 已知复数 $z_1 = 2+3i$, $z_2 = -1+4i$，求：

$z_1 + z_2$, $z_1 - z_2$, $z_1 \cdot z_2$, $\dfrac{z_1}{z_2}$, z_1^2, z_2^2, $z_1^2 + z_2^2 - z_1$.

4. 已知复数 $z = -5i$，求 $\bar{z}$, $z + \bar{z}$, $z \cdot \bar{z}$, $|z|$, $|\bar{z}|$, $\arg z$.

5. 设 $z + |\bar{z}| = 2-i$，求复数 z.

第12章 复 数

第三节　复数的几何表示

1. 已知 $z=(m^2-2m-15)+(m-1)\mathrm{i}$ 在复平面上对应的点 Z 在第二象限，求实数 m 的取值范围.

2. 已知 $(2+\mathrm{i})k^2-(3+\mathrm{i})k-2-2\mathrm{i}=0$，求实数 k.

3. 下列方程（其中 z 是复数）分别表示复平面上什么样的图形？请画出它们.
(1) $|z|=1$；　　(2) $1\leqslant|z|<2$；
(3) $|z-3|=2$；　(4) $|z-(-1+\mathrm{i})|=1$.

第四节　复数的三角形式

1. 设等腰三角形 AOB 的顶角 $\angle AOB=\dfrac{\pi}{6}$，点 A 对应于复数 $-3+2\mathrm{i}$，求点 B 对应的复数 z_2.

第五节 复数三角形式的乘法与除法

1. 计算.

(1) $(3-2i)(1+i)(1-4i)$;

(2) $\dfrac{(2+i)^2}{1+i} - \dfrac{(1-2i)^2}{1-i}$;

(3) $(a+bi)(a-bi)(-a+bi)(-a-bi)$;

(4) $(a+bi)(a^2-b^2-abi)$;

(5) $\dfrac{2+i}{2-i}$;

(6) $(\sqrt{3}i-1)\left(-\dfrac{1}{2}+\dfrac{\sqrt{3}}{2}i\right)^{10}$;

(7) $\dfrac{(-1+i)\left[\cos\left(-\dfrac{\pi}{3}\right)+i\sin\left(-\dfrac{\pi}{3}\right)\right]^{10}}{\left(\cos\dfrac{\pi}{6}-i\sin\dfrac{\pi}{6}\right)^{4}}.$

2. 计算 $(1-2i) - (2-3i) + (3-4i) - \cdots - (2002-2003i)$.

3. 已知复数 z_1, z_2 分别对应于复平面上的点 Z_1, Z_2, 求 Z_1, Z_2 两点间距离.
(1) $z_1 = -1+2i$, $z_2 = 5i$;
(2) $z_1 = 2-3i$, $z_2 = -3+5i$.

4. 已知一元二次方程的两个根为: $x_1 = 1+\sqrt{3}i$, $x_2 = 1-\sqrt{3}i$. 写出这个方程.

第六节 复数的指数形式

1. 求下列复数的三角形式.

(1) $z_1 = -2i$;

(2) $z_2 = -6$;

(3) $z_3 = -1+i$;

(4) $z_4 = -\dfrac{\sqrt{3}}{2} - \dfrac{1}{2}i$.

2. 把下列复数表示成代数形式.

(1) $4\left(\cos\dfrac{5\pi}{3} + i\sin\dfrac{5\pi}{3}\right)$;

(2) $7(\cos\pi + i\sin\pi)$;

(3) $\cos\left(-\dfrac{\pi}{2}\right) + i\sin\left(-\dfrac{\pi}{2}\right)$.

3. 求下列各个复数的指数形式.

(1) $z_1 = -2i$;　　　(2) $z_2 = -6$;

(3) $z_3 = -1+i$;　　(4) $z_4 = -\dfrac{\sqrt{3}}{2} - \dfrac{1}{2}i$.

4. 已知 $z_1 = 8e^{3\pi i}$, $z_2 = 2e^{i\frac{5\pi}{3}}$, 求:

(1) $z_1 \cdot z_2$;　　(2) $\dfrac{z_1}{z_2}$;

(3) z_1^{21}.

第七节　复数在电学中的应用

1. 在复数集中解下列方程.

(1) $x^2 - 2x + 3 = 0$;　　　　(2) $2x^2 - 3x + 6 = 0$.

第七节 复数在电学中的应用

2. 写出所有 12 次单位根，并且在复平面上描出它们对应的点.

3. 求复数 z.
（1）$(z-3\mathrm{i})+z=-7\mathrm{i}$；（2）$z-5\mathrm{i}=-3+2\mathrm{i}$；

（3）$\dfrac{-1+3\mathrm{i}}{z}=3-\mathrm{i}$； （4）$\dfrac{z}{1-2\mathrm{i}}+3\mathrm{i}=9-\mathrm{i}$.

4. 已知 $z+\bar{z}=8$，$z\bar{z}=64$，求 z.

5. 设 $w=\cos\dfrac{2\pi}{13}+\mathrm{i}\sin\dfrac{2\pi}{13}$，令
$d_1=w+w^3+w^4+w^9+w^{10}+w^{12}$，
$d_2=w^2+w^5+w^6+w^7+w^8+w^{11}$.
求 d_1，d_2 的值（提示：先求 d_1+d_2，$d_1 d_2$）.

第13章 导数与微分

第一节 导数的概念

1. 设函数 $f(x) = x^2$,则 $\lim\limits_{x \to 2} \dfrac{f(x) - f(2)}{x-2} = ($ $)$.

   A. $2x$ B. 2

   C. 1 D. 4

2. 若 $f\left(\dfrac{1}{x}\right) = x$,则 $f'(x) = ($ $)$.

   A. $\dfrac{1}{x}$ B. $-\dfrac{1}{x}$

   C. $\dfrac{1}{x^2}$ D. $-\dfrac{1}{x^2}$

3. 函数 $f(x) = \sqrt{x}$,在点 $x=1$ 处的切线方程是(   ).

   A. $2y - x = 1$ B. $2y - x = 2$

   C. $y - 2x = 1$ D. $y - 2x = 2$

4. 用导数定义求函数 $f(x) = e^x$ 的导数 $f'(x)$.

5. 讨论函数 $y=|x|$ 在点 $x=0$ 处的可导性.

6. 求曲线 $y=e^x$ 在点 $(1,e)$ 处的切线和法线方程.

7. 设函数 $f(x)=\begin{cases}x^2, & x\leq 1\\ ax+b, & x>1\end{cases}$ 在点 $x=1$ 处可导, 问 a, b 分别应取什么值?

第二节 导数的运算法则

1. 曲线 $y=\dfrac{1}{2}(x+\sin x)$ 在 $x=0$ 处的切线方程为( ).
   A. $y=x$ B. $y=-x$
   C. $y=x-1$ D. $y=-x-1$
2. 若 $f(x)=e^{-x}\cos x$, 则 $f'(0)=$ ( ).
   A. 2 B. 1
   C. -1 D. -2
3. 若 $y=(x-1)x(x+1)(x+2)$, 则 $y'(0)=$ ( ).
   A. 0 B. -2
   C. 1 D. 2
4. 若 $f(x)=\cos(x^2)$, 则 $f'(x)=$ ( ).
   A. $\sin(x^2)$ B. $2x\sin(x^2)$
   C. $-\sin(x^2)$ D. $-2x\sin(x^2)$
5. 若 $f(x)=\sin x+a^3$, 其中 a 是常数, 则 $f''(x)=$ ( ).
   A. $\cos x+3a^2$ B. $\sin x+6a$
   C. $-\sin x$ D. $\cos x$

第13章 导数与微分

6. 若 $f(x) = x\cos x$，则 $f''(x) = ($).

A. $\cos x + x\sin x$
B. $\cos x - x\sin x$
C. $-2\sin x - x\cos x$
D. $2\sin x + x\cos x$

7. 求下列函数的导数.

(1) $y = \sqrt{x} + \sin x + 5$；

(2) $y = \sqrt{x}\sin x$；

(3) $y = 5\log_2 x - 2x^4$；

(4) $y = \sec x + 2^x + x^3$；

(5) $y = (2x^2 - 3)^2$；

(6) $y = \tan(3x + 2)$；

(7) $y = \sin^3 \dfrac{x}{3}$；

(8) $y = (x\cot x)^2$.

8. 已知函数 $y = y(x)$ 由方程 $xy + \ln y = 1$ 确定，试求 y'.

9. 求由下列方程所确定的隐函数的导数 y'.

(1) $xy + 3x^2 - 5y - 7 = 0$；

(2) $xy = e^{x+y}$.

10. 求 $y=a_0x^n+a_1x^{n-1}+\cdots+a_{n-1}x+a_n$ 的 n 阶导数 $y^{(n)}$.

第三节 微 分

1. 设 $y=\lg 2x$，则 $dy=($).

   A. $\dfrac{1}{2x}dx$ B. $\dfrac{1}{x\ln 10}dx$

   C. $\dfrac{\ln 10}{x}dx$ D. $\dfrac{1}{x}dx$

2. 设 $y=f(x)$ 是可微函数，则 $df(\cos 2x)=($).

   A. $2f'(\cos 2x)\,dx$ B. $f'(\cos 2x)\sin 2xd2x$

   C. $2f'(\cos 2x)\sin 2xdx$ D. $-f'(\cos 2x)\sin 2xd2x$

3. 已知函数 $y=\ln(1+2x)$，求当 $x_0=1$，$\Delta x=0.003$ 时的微分.

4. 求下列函数的微分.

   (1) $y=x^2+3\tan x+e^x$;   (2) $y=e^x\cos x$;

(3) $y = \dfrac{\sin x}{1+x^2}$;

(4) $y = \dfrac{1}{2}\arcsin(2x)$;

(5) $y = \ln^2(1-x)$;

(6) $y = x^2 e^{2x\sin x}$.

5. 求下列方程所确定的隐函数 $y=y(x)$ 或 $x=x(y)$ 的微分.

(1) $\dfrac{x^2}{a^2}+\dfrac{y^2}{b^2}=1$;

(2) $\cos(xy) = x^2 y^2$.

6. 由方程 $\cos(x+y) + e^y = x$ 确定 y 是 x 的隐函数,求 dy.

参考答案

第1章 集 合

第一节 集 合

一、集合的概念

(一) 1.(1) $\notin$;(2) $\in$;(3) $\notin$;(4) $\in$

2.②③

(二) 1.C 2.D 3.D 4.C 5.B

(三) 1.(1)、(3)、(4)、(5)能构成集合;(2)不能构成集合.

2.(1)、(2)、(4)是集合;(3)、(5)不能构成集合.

二、集合的表示方法

(一) (1) $\notin$;(2) $\in$;(3) $\notin$;(4) $\in$;(5) $\in$;(6) $\in$

(二) 1.B 2.B 3.D 4.B

(三) 1. (1) $\{1,2,3,4,5,6,7,8\}$;(2) $\{-1,0,1,2\}$;(3) $\{-3\}$;(4) $\{-3,3\}$.

2.(1) $\{m\mid m\in \mathbf{N}$ 且 $m<1\,000\}$,有限集;

(2) $\{x\mid x>2$ 且 $x\in \mathbf{R}\}$,无限集;

(3) $\{x\mid x<3\}$,无限集;

(4) $\{x\mid x=2k,k\in \mathbf{N}^*\}$,无限集.

3.(1) $\{x\mid x^2-6x+5=0,x\in \mathbf{R}\}$;(2) $\{4,5,6\}$.

三、集合之间的关系

(一) 1.B,A,B,A 2.$\subseteq,\subseteq,\subseteq,\subseteq$ 3.$\varnothing,I,\varnothing,I,\varnothing$

4.$\varnothing,\{0\},\{1\},\{2\},\{0,1\},\{0,2\},\{1,2\},\{0,1,2\}$.

5.-1 或 2. 6.(1) $a\leqslant 3$;(2) $a>3$. 7.(1) $\subsetneqq$;(2) $\in$;(3) $\nsupseteq$;(4) $=$.

(二) 1.C 2.D 3.A 4.B 5.B 6.C

(三) 1.(1) $E=F$;(2) $G\subset H$.

2.$A\subsetneqq B\subsetneqq C\subsetneqq D$.

3.(1)、(3)、(6)对,(2)、(4)、(5)错.

4.A 的子集有:$\varnothing,\{a\},\{b\},\{a,b\},A$ 的真子集是 $\varnothing,\{a\},\{b\}$.

5.(1) $\{-1,0,1,2\}$;(2) $\{-1,0,1,2,3\}$.

参考答案

第二节 集合的运算

一、1.(1){斜三角形};(2)∅;(3){锐角三角形};(4){三角形};(5){直角三角形}.
2.∅,{无理数},B,∪. 3.{0,2,4,6,8}.
4.{x|-1<x<2}. 5.{x|x≥3}.
二、1.C 2.C 3.C 4.D 5.A
三、1.6 2.$a=0$
3.$\complement_U A$={钝角三角形或直角三角形},$\complement_U B$={任意两边都不相等的三角形}
4.$a=-1,0,\pm\sqrt{2}$
5.(1)5; (2)1,3,5,7,9,11,13; (3)27,29,31,33,35,37,39.
6.(1)$A\cap\complement_U B$, (2)$(A\cap\complement_U B)\cup(A\cap\complement_U A)$
7.$\complement_U P\cap Q$ 表示会飞的雌鸟,$P\cap\complement_U Q$ 表示不会飞的雄鸟.

第三节 命题

一、1.2 2.必要不充分 3.$\Delta\geq0$ 且 $-\dfrac{b}{a}>0$ 且 $\dfrac{c}{a}>0$
4.{x|x≥3} 5.必要条件 6.充分不必要 7.$x-1=0$ 或 $x+1=0$
二、1.B 2.D 3.C 4.C 5.A
三、1.$a\in(1,2]\cup[10,+\infty)$
2.(1)非p:5是偶数,假;(2)非p:方程 $x^2-3x+2=0$ 有实根,真;(3)非p:$d\notin\{a,b,c\}$,真
3.$\left\{a|a\geq-1\text{ 或 }a\leq-\dfrac{3}{2}\right\}$
4.(1)逆命题:如果 $ab\neq0$,那么 $a\neq0$ 且 $b\neq0$;否命题:如果 $a=0$ 或 $b=0$,那么 $ab=0$;逆否命题:如果 $ab=0$,那么 $a=0$ 或 $b=0$;原命题为真,逆命题为真.
(2)逆命题:如果 $a=b$,那么 $(a-b)^2=0$;否命题:如果 $(a-b)^2\neq0$,那么 $a\neq b$;逆否命题:如果 $a\neq b$,那么 $(a-b)^2\neq0$;原命题、逆命题都为真.
5.(1)p 是 q 的充分不必要条件; (2)p 是 q 的充要条件.

第2章 不等式

第一节 不等式的基本性质

1.(1)<,<;(2)<;(3)>;(4)<
2.$-\pi<-3<-\sqrt{3}<0<\dfrac{6}{5}<\sqrt{2}<\dfrac{\pi}{2}$
3.D
4.提示:作差后,分 $x<4,x=4,x>4$ 三种情况论出结果.
当 $x<4$ 时,$(2x+1)(x+4)<2(x+2)^2$;当 $x=4$ 时,$(2x+1)(x+4)=2(x+2)^2$;
当 $x>4$ 时,$(2x+1)(x+4)>2(x+2)^2$

第二节 区间的概念

1.(1)$[-3,5]$;(2)$(-3,5)$;(3)$(-3,5]$;(4)$[-3,5)$;(5)$(-3,+\infty)$;(6)$[-3,+\infty)$;(7)$(-\infty,5)$;(8)$(-\infty,5]$.

2.$a>5,1<b<5$

3.(1)$[-3,3]$(2)$(-5,5)$;(3)$(-\infty,-3)\cup[5,+\infty)$;(4)$(-\infty,-5)\cup(3,+\infty)$;(5)$(-\infty,-5]\cup[5,+\infty)$;(6)$(-\infty,-5]\cup[5,+\infty)$;(7)$(-\infty,-3)\cup(3,+\infty)$;(8)$(-\infty,-3)\cup(3,+\infty)$

第三节 一元二次不等式

1.(1)$x_1=1,x_2=\dfrac{1}{2}$;(2)$x_1=1,x_2=-\dfrac{1}{2}$;(3)$x_1=-\dfrac{1}{2},x_2=\dfrac{1}{2}$

2.(1)图像如下图,开口向下,对称轴方程为$x=-1$,顶点坐标为$(-1,-1)$;当$x=-1$时,y有最大值-1,$x\in\mathbf{R}$时,$y<0$

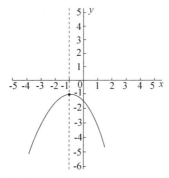

(2)图像如下图.开口向下,对称轴方程为$x=15$,顶点坐标为$(15,225)$;当$x=15$时,y有最大值225.当$0<x<30$时,$y>0$,当$x\leq 0$或$x\geq 30$时,$y\leq 0$.

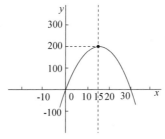

(3)图像如下图.开口向上,对称轴方程为$x=-1$,顶点坐标$(-1,-32)$.当$x=-1$时,y有最小值-32.当$x<-5$或$x>3$时,$y>0$;当$-5\leq x\leq 3$时,$y\leq 0$.

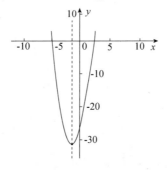

3.（1）

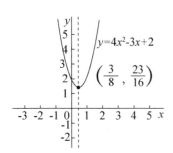

不等式的解集为∅.

（2）

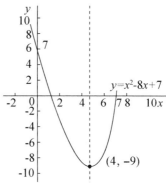

不等式的解集为(1,7).

（3）

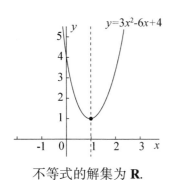

不等式的解集为 **R**.

（4）

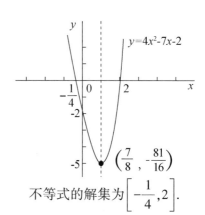

不等式的解集为$\left[-\dfrac{1}{4}, 2\right]$.

（5）

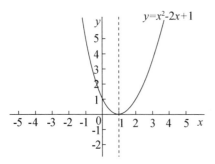

不等式的解集为$\{x \mid x \neq 1\}$.

（6）

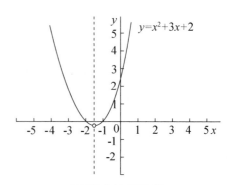

不等式的解集为
$(-\infty, -2] \cup [-1, +\infty)$.

(7) (8)

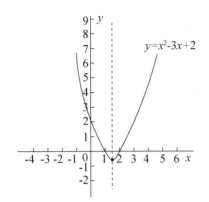
不等式的解集为
$(-\infty,1)\cup[2,+\infty)$.

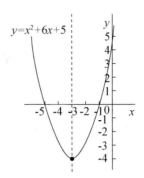
不等式的解集为
$(-\infty,-5)\cup(-1,+\infty)$.

4.(1) $(-\infty,2)\cup(2,+\infty)$;(2) $(-\infty,-6]\cup[6,+\infty)$;(3) $\left(\dfrac{2}{3},1\right)$;(4) $\left[-2,\dfrac{4}{3}\right]$;

(5) $\left[2,\dfrac{8}{3}\right]$;(6) $(-1,1)$;(7) $\left[\dfrac{1-\sqrt{5}}{2},\dfrac{1+\sqrt{5}}{2}\right]$;(8) $(-9,1)$.

5.以水管与地面的交点为原点,水管所在直线为 y 轴,建立直角坐标系.

(1) $y=-\dfrac{3}{4}(x-1)^2+3$,图像如下图;

(2) $y=2.25$ m;

(3) $(0,1+\sqrt{3}]$.

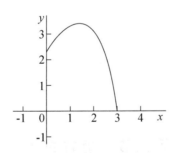

6.设上下边衬的宽度为 x cm,左右边衬的宽度为 $\dfrac{7}{9}x$ cm,则

$$(27-2x)\left(21-\dfrac{14}{9}x\right)<\dfrac{7}{9}\times 27\times 21.$$

解得上下边衬的宽度为 $0<x<1.6$,左右边衬的宽度为 $0<\dfrac{7}{9}x\leqslant 1.3$.

第四节 含绝对值的不等式

1.(1) $[-4,1)$;(2) $\left(-\infty,-\dfrac{4}{3}\right)\cup\left(\dfrac{8}{3},+\infty\right)$;(3) $\left(\dfrac{4}{3},2\right)$;

(4) $(-\infty,-11)\cup[7,+\infty)$;(5) $[1,2)\cup(3,4]$;(6) $(-6,0)\cup(6,12)$.

参考答案

第3章 函数

第一节 认识函数

1. (1) $f(-1)=-\dfrac{1}{3}, f(2)=\dfrac{2}{9}, f(a)=\dfrac{a}{1+2a^2}, f(x+1)=\dfrac{x+1}{1+2(x+1)^2}$

(2) $f(-x)=\dfrac{-x}{1+2(-x)^2}=\dfrac{-x}{1+2x^2}=-f(x)$

2. 略

3. (1) $\mathbf{R}, (1,+\infty)$ (2) $[0,+\infty), [2,+\infty).$

4. 略

5. (1) $\{x \mid x<9\}$ (2) $\{x \mid -1<x<1\}$ (3) $\mathbf{R}$ (4) $\{x \mid x<\dfrac{1}{2}\}$

6. 略

7. (1) $y=-\dfrac{7}{3}x$ (2) $y=\dfrac{2}{x}$ (3) $y=2x+3$

8. 解:设 $y=2=k(x-1)$,则
$$-5+2=k(2-1)$$
解得 $k=-3$
所以 $x=5$ 时, $y=-3(5-1)-2=-14.$

9. $x_1=-\dfrac{1}{2}, x_2=2.$

10. 解: $y=10\times3.2+3.2x, x\in[0,20].$

11. 略

12. (1) $y=\dfrac{3}{5}x+311$ (2) $\left(\dfrac{3}{5}\times22+311\right)\times5=1\,621(\mathrm{m})$

第二节 函数的性质

1. 略

2. 设 $x_1, x_2\in(-\infty,0)$,且 $x_1<x_2$,则
$$f(x_1)-f(x_2)=x_1^2-x_2^2$$
$$=(x_1-x_2)(x_1+x_2)>0$$
即 $f(x)=x^2$ 在 $(-\infty,0)$ 上单调递减.

3. 单调递减

4. 证明: $f(-x)=\dfrac{-x}{(-x)^2+1}=\dfrac{-x}{x^2+1}=-f(x)$

5. (1) $f(-x)=6-x^2=f(x)$ 偶函数

(2) $f(-x) = \dfrac{3}{2+x}$ 非奇非偶函数

(3) 奇函数

(4) 偶函数

6. 设 $x_1, x_2 \in (0, +\infty)$ 且 $x_1 < x_2$，则 $-x_1, -x_2 \in (-\infty, 0)$，且 $-x_1 > -x_2$，由 $f(x)$ 在 $(-\infty, 0)$ 上单调递增加，$f(-x_1) > f(-x_2)$，且 $f(x)$ 为偶函数，故 $f(x_1) > f(x_2)$，$f(x)$ 在 $(0, +\infty)$ 为减函数

第三节　函数的实际应用举例

1. 解：$30x - C = 30x - 4\,000 - 10x + 0.2x^2 \geq 0$，$x \in (0, 50)$，解得 $x \geq 100$ 或 $x \leq -200$（舍），从而不亏本的最低产量为 $x = 100$ 台．

2. 解：设每台应制定的销售价格为 x 万元，则
$200x - C = 100$，即
$0.1x^2 + 185x - 2\,900 = 0$
解略．

3. $\dfrac{10\,000 + 1\,000 \times 20}{1\,000} = 30$（元）．

4. 解：设该产品的收入为 y，则
$$y = P \cdot Q = P(200 - 4P)$$
易知最大收入的销售价格为 $P = 40$ 元，从而销售是 $Q = 200 - 4P = 40$（件）．

5. 解：设该产品售价定为每个 x 元，则
$$y = \begin{cases} x[60 + 10(18 - x)], & x < 18 \\ 18 \times 60 - 1\,080, & x = 18 \\ x[60 - 5(x - 18)], & x > 18 \end{cases}$$
解得 $x = 12$ 时，$y = 1\,440$，可获得每日最大利润．

6. 解：设一年所得利润为 y，则
$$y = P(x) + G(x) = -\dfrac{x^2}{20} + \dfrac{2}{5}x + \dfrac{3}{40}x$$
可知当 $n = \dfrac{19}{4}$ 万元时，利润最大．

7. 略

8. 解：$\begin{cases} 16 - 4b + c = 0 \\ 4 + 2b + c = 6 \end{cases} \Rightarrow \begin{cases} b = 3 \\ c = -4 \end{cases}$

9. 设解析式为 $y = a(x-1)^2 - 2$，又知其过 $P(0, 1)$ 点，故
$a - 2 = 1 \Rightarrow a = 3$
$y = 3(x-1)^2 - 2$

10. 略

11. (1) 由 $3x^2 - 5x - 2 = 0$，解得 $x = -\dfrac{1}{3}$ 或 2，交点坐标为 $\left(-\dfrac{1}{3}, 0\right)$，$(2, 0)$．

(2) 由 $4x^2 - 12x + 9 = 0$，解得 $x = \dfrac{3}{2}$，与 x 轴的交点为 $\left(\dfrac{3}{2}, 0\right)$．

12.(1)由对称轴 $x=1$ 可知函数单调增区间为 $(-\infty,+1)$,减区间为 $(1,+\infty)$,最大值为-1.

(2)单调增区间为 $\left(-\dfrac{1}{2},+\infty\right)$,减区间为 $\left(-\infty,-\dfrac{1}{2}\right)$,最小值为 $\dfrac{3}{4}$.

13.解:由函数解析式易知 $\dfrac{-24a-16}{4a}=-2$,解得 $a=-1$.

14.解:设矩形的长为 x m,则宽为 $(18-x)$ m,从而矩形的面积 y 为
$$y=x(18-x)$$
由上式易知当 $x=9$ m 时,矩形面积最大.

15.定义域为 $(-\infty,+\infty)$,$f(3)-f(-1)+f(1)=5$.

16.略 17.略

18.解:$y=\begin{cases} -x+2, & x\leq 1 \\ -(x-2)^2+2, & 1<x\leq 3 \\ x-2 & x>3 \end{cases}$

第4章 指数函数与对数函数

第一节 实数指数幂

1.(1) $3\dfrac{1}{3}$ (3) $a^{b-a}\cdot b^{a-b}=\left(\dfrac{b}{a}\right)^{a-b}$ (2)(4)略.

2.略

3.略

4.(1)原式 $=\left(\dfrac{7}{3}\right)^5\div\left(\dfrac{7}{9}\right)^4=\left(\dfrac{7}{3}\right)^5\times\left(\dfrac{9}{7}\right)^4=189$ (2)3 (3) $\dfrac{11}{33}$

5.(1)原式 $=a^{-3}b^{-1}\cdot a^{\frac{3}{2}}b^3\div a^{-\frac{1}{2}}b^{-\frac{1}{2}}=a^{-1}b^{\frac{5}{2}}$ (2)原式 $=\dfrac{x^{\frac{3}{2}}}{x^{\frac{1}{3}}}=x^{\frac{7}{6}}$ (3)原式 $=a^{\frac{7}{6}}b^{\frac{5}{6}}$

6.略
7.略
8.略

第二节 指数函数

1.(1)C (2)C (3)A (4)D

2.(1)**R** (2)> (3) $y=a(1+10\%)^x$ (4)(0,1).

3.(1)$(0,+\infty)\cup(-\infty,0)$ (2)$(-\infty,4]$

4.(1)单调递减 (2)单调递增

5.解:$100\times(84\%)^{11}$

6.略

7.解:设10年后人口预计为 y,则
$$y=110\times(1+1.2\%)^{10}$$

参考答案

第三节 对数与对数函数

1. (1) D (2) B (3) B (4) B

2. (1) 0,1,−1 (2) $\log_2 625 = 4$ (3) $(0.25)^2 = \dfrac{1}{16}$ (4) −3
(5) 2 (6) $0<a<1$ (7) $(0,1)$ (8) $(1,+\infty)$

3. 略

4. (1) $(-2,+\infty)$ (2) $\left(-\infty,\dfrac{5}{3}\right)$

5. 略

6. (1) 原式 $=\dfrac{1}{2}\lg x+3\lg y+\dfrac{1}{2}\lg z$ (2) 原式 $=\dfrac{1}{2}\lg x+\dfrac{3}{5}\lg y-\lg z$

7. (1) 3 (2) −3 (3) $-\dfrac{1}{2}$ (4) 4

8. (1) $x=\dfrac{1}{100}$ (2) $x=\dfrac{a^2}{b}$ (3) $x=e^{0.7}$ (4) $x=\dfrac{e}{4}$

9. 解:设 x 最后销售额达到现在的 4 倍,则
$$a(1+15\%)^x = 4a$$

10. 略

第 5 章 三角函数

第一节 角的函数

1. (1) × (2) × (3) × (4) ×

2. (1) $\{\theta|\theta=2k\pi+\dfrac{\pi}{3},k\in\mathbf{Z}\}$ 60°,−300° (2) $\{\theta|\theta=k\cdot 360°+230°,k\in\mathbf{Z}\}$ 三 (3) 三

3. (1) C (2) D (3) C (4) A (5) C

4. (1) 320°25′,第四象限角 (2) 242°,第三象限角
(3) 40°,第一象限角 (4) 120°,第二象限

5. 锐角的集合:$\{\theta|\theta<\theta<\dfrac{\pi}{2}\}$,第一象限角:$\{\theta|2k\pi+\dfrac{\pi}{2},k\in\mathbf{Z}\}$

第二节 弧度制

1. (1) $\dfrac{2}{5}\pi$ $-\dfrac{7}{4}\pi$ $\dfrac{5}{6}\pi$ $\dfrac{3}{8}\pi$ (2) 135° −330° 157.5° −1 260° (3)(4) 略

2. (1) C (2) B (3) C

3. (1) $\dfrac{25}{6}\pi=4\pi+\dfrac{\pi}{6}$ $-45°=-\dfrac{\pi}{4}=-2\pi+\dfrac{7}{4}\pi$

参考答案

4. $\alpha = \dfrac{l}{r} = \dfrac{144}{120} = 1.2$ 弧度

5. 略

第三节 任意角的正弦函数、余弦函数和正切函数

1. (1) 30° 30° 30°　(2) $\pm\dfrac{4}{3}$　(3) 3　(4) $-\dfrac{\sqrt{3}}{6}$

2. (1) $\sin\alpha = -\dfrac{4}{5}, \cos\alpha = \dfrac{3}{5}, \tan\alpha = -\dfrac{4}{3}$　(2) $\sin\alpha = \dfrac{5}{13}, \cos\alpha = \dfrac{12}{13}, \tan\alpha = \dfrac{5}{12}$

(3) $\sin\alpha = \dfrac{24}{25}, \cos\alpha = -\dfrac{7}{25}, \tan\alpha = -\dfrac{24}{7}$　(4) $\sin\alpha = -\dfrac{\sqrt{3}}{2}, \cos\alpha = -\dfrac{\sqrt{3}}{2}, \tan\alpha = \sqrt{3}$

4. (1) 正号　(2) 正号　(3) 负号
5. (1) 第四象限　(2) 第一、第三象限
6. (1) -2　(2) 8
7. 略　8. 略

第四节 同角三角函数基本关系式

1. (1) A　(2) C　(3) A　(4) C　(5) D　(6) B
2. (1) $\cos\theta$　(2) $\sin\alpha$　(3) 1　(4) $\sec^2\alpha$
3. (1) $\cos^4\alpha + \cos^2\alpha \cdot \sin^2\alpha + \sin^2\alpha = \cos^2\alpha(\cos^2\alpha + \sin^2\alpha) + \sin^2\alpha = \cos^2\alpha + \sin^2\alpha = 1$

(2) $\tan^2\alpha - \sin^2\alpha = \sin^2\alpha\left(\dfrac{1}{\cos^2\alpha} - 1\right) = \sin^2\alpha\left(\dfrac{1-\cos^2\alpha}{\sin^2\alpha}\right) = \sin^2\alpha \cdot \tan^2\alpha$

4. (1) $\dfrac{2}{5}$（应用公能公式）　(2) 3

5. (1) $\cos\alpha = -\dfrac{2\sqrt{2}}{3}, \tan\alpha = -\dfrac{\sqrt{2}}{4}, \cot\alpha = -2\sqrt{2}$

(2) $\sin\alpha = -\dfrac{3\sqrt{10}}{10}, \cos\alpha = -\dfrac{\sqrt{10}}{10}, \cot\alpha = -\dfrac{1}{3}$

(3) $\sin\alpha = -\dfrac{\sqrt{5}}{3}, \tan\alpha = -\dfrac{\sqrt{5}}{2}, \cot\alpha = -\dfrac{2}{5}\sqrt{5}$

6. (1) $\dfrac{69}{200}$　(2) $\dfrac{200}{69}$

第五节 诱导公式

1. (1) D　(2) C　(3) A　(4) A　(5) D
2. (1) $-\dfrac{1}{2}$　(2) $-\dfrac{1}{2}$　(3) $-\dfrac{\sqrt{3}}{3}$　(4) $-\sqrt{3}$
3. (1) $-\sqrt{3}-1$　(2) $-2\sqrt{3}$
4. (1) 原式 $= \dfrac{\sin^2\alpha - \cos^2\alpha}{-\sin\alpha - \cos\alpha} = \dfrac{(\sin\alpha + \cos\alpha)(\sin\alpha - \cos\alpha)}{-(\sin\alpha + \cos\alpha)} = \cos\alpha - \sin\alpha$

(2)原式 = $\dfrac{-\sin\alpha}{-\cos\alpha\cdot\dfrac{\sin\alpha}{\cos\alpha}}=1$

第六节 三角函数的图像和性质

1.(1) $1\leqslant a\leqslant 2$ (2)原点 (3)$[-1,5]$ (4)y 轴

2.化简图(略)

3.(1) $y_{max}=9, y_{min}=5$ (2) $y_{min}=3\dfrac{1}{2}, y_{min}=2\dfrac{1}{2}$

(3) $y_{max}=8, y_{min}=2$ (4) $y_{max}=2, y_{min}=1$

4.(1) $\mathbf{R}$ (2) $\{x\mid x\neq 2k\pi-\dfrac{\pi}{2}, k\in\mathbf{Z}\}$ (3) $\{x\mid x\neq 2k\pi, k\in\mathbf{Z}\}$ (4) $\left[2k\pi+\dfrac{\pi}{2},2k\pi+\dfrac{3\pi}{2}\right]$

5.(1) $\sin\left(-\dfrac{\pi}{11}\right)<\sin\dfrac{\pi}{12}$ (2) $\sin 72°>\sin 102°$

(3) $\cos\left(-\dfrac{\pi}{13}\right)<\cos\left(-\dfrac{\pi}{15}\right)$ (4) $\cos 83°>\cos 112°$

6.(1)正号 (2)正号

第七节 已知三角函数值求角

1. $x=\arcsin 0.2733$,用计算器算出

2. $x=-\arcsin 0.3182$

3. $x=\pi-\arcsin 0.5721$

4. $x=\arccos 0.7239$

5. $x=-\arcsin\dfrac{2\sqrt{13}}{13}$

6. $x=\arctan 3.5379$

7.(1) $\alpha=\dfrac{\pi}{4}$ 或 $\dfrac{3\pi}{4}$ (2) $\alpha=\dfrac{\pi}{6}$ 或 $\dfrac{11}{6}\pi$ (3) $\alpha=\dfrac{\pi}{6}$ 或 $\dfrac{7}{6}\pi$

8.(1) $A=\dfrac{2\pi}{3}$ (2) $A=\dfrac{3\pi}{3}$ (3) $A=\dfrac{\pi}{3}$

9.(1) $\{x\mid x=2k\pi-\dfrac{\pi}{2}$ 或 $2k\pi+\dfrac{4}{3}\pi, k\in\mathbf{Z}\}$ (2) $\{x\mid x=2k\pi\pm\dfrac{\pi}{4}, k\in\mathbf{Z}\}$

(3) $\{x\mid x=k\pi+\dfrac{\pi}{6}, k\in\mathbf{Z}\}$

第6章 平面向量

第一节 向量

一、1.相同 2.$[3,13]$

3.(1)1 (2)0 或 2   4.(1)**0** (2)$\overrightarrow{AB}$ (3)**0**

5.3**a**+4**b**−5**c**   6.$\overrightarrow{OA}$、$\overrightarrow{OC}$、$\overrightarrow{OB}$,4,3,2

二、1.A 2.D 3.C 4.B 5.A

三、1.略   2.$\overrightarrow{DC}=\frac{1}{2}\boldsymbol{a}+\boldsymbol{b},\overrightarrow{BC}=-\frac{1}{2}\boldsymbol{a}+\boldsymbol{b},\overrightarrow{EF}=-\frac{1}{4}\boldsymbol{a}+\boldsymbol{b}$

3.略

4.(1)$x=\frac{7}{13}\boldsymbol{a}$;(2)$x=\frac{10}{9}\boldsymbol{a}+\frac{4}{3}\boldsymbol{b}$

5.略

第二节　数乘向量

一、1.$\frac{5}{3}\boldsymbol{a}-\frac{11}{18}\boldsymbol{b}$ 　　　　　　　　　2.$-\frac{5}{3}$

3.$\frac{2}{3},-\frac{1}{2}$ 　　　　　　　　　　　4.$\frac{2}{5}\boldsymbol{a}+\frac{3}{5}\boldsymbol{b}$

5.$\pm\frac{4}{5}$

二、1.D 2.B 3.C 4.A 5.D

三、1.$\overrightarrow{AF}=\boldsymbol{e}_2-\boldsymbol{e}_1,\overrightarrow{AB}=\boldsymbol{e}_2,\overrightarrow{AD}=2\boldsymbol{e}_2-\boldsymbol{e}_1,\overrightarrow{BD}=\boldsymbol{e}_2-\boldsymbol{e}_1$

2.$-\frac{1}{2}(\boldsymbol{a}-\boldsymbol{b})$ 　　　　　　　　3.$\boldsymbol{a}$ 与 $\boldsymbol{b}$ 共线

4.略 　　　　　　　　　　　　5.$-\frac{1}{2}(\boldsymbol{a}+\boldsymbol{b})$

第三节　向量的内积及其坐标运算

一、1.充要 　　　　　　　　　　2.$\frac{3}{2}$

3.$\frac{10}{3}<x<\frac{11}{3}$ 　　　　　　　　4.4

5.3^{x+1} 　　　　　　　　　　6.$(-3,9),\left(\frac{1}{2},-\frac{1}{2}\right)$

7.$(1,2),(1,7)$ 　　　　　　　　8.$(6,3)$

9.$(-1,1)$ 　　　　　　　　　　10.$\frac{2}{5},-\frac{3}{5},-\frac{3}{2}$

二、1.C 2.C 3.C 4.B 5.A 6.C 7.C 8.C 9.D

三、1.略   2.$m=1,n=4$

3.略

4.$D(-3,2)$,平行四边形中心坐标为$\left(0,\frac{1}{2}\right)$

5.$B(6,7)$

6.(1) $30\sqrt{3}-30$；(2) $\sqrt{337+144\sqrt{3}}$

7.略

第四节　正弦定理、余弦定理及其应用

一、1. $\dfrac{\sqrt{3}}{4}$　2. $\sqrt{7}$　3. $30°$或$150°$　4. $9\sqrt{3}$　5.6

二、1.C　2.B　3.A　4.A　5.A

三、1. $\dfrac{16}{65}$　2.略　3.5,8　4. $\sqrt{3}$或$2\sqrt{3}$　5. $5\sqrt{3}$ km

第7章　解析几何

第一节　两点间距离公式和中点公式

一、1.(2,6)　2.5　3.-3

二、1.$(0,3+\sqrt{5})$或$(0,3-\sqrt{5})$　　2. $-\dfrac{11}{4}$

3. $x=1,b=-2$　　4.(7,10)

5.(1) $\left(\dfrac{3}{2},\dfrac{1}{2}\right)$；(2)(1,2)；(3)(2,6).

第二节　曲线与方程

一、1. $\pm\dfrac{\sqrt{3}}{2}$　2. $\pm\dfrac{3}{5}$　3. $y^2-10x-8y+11=0$　4. -2或6

二、1.B　2.C　3.A　4.A　5.C　6.D

三、1.(1) A,B,C均在 $x^2+y^2=25$ 上；(2) A不在,B不在；C在

2. $\dfrac{2}{5}$　　3. $x^2+y^2=100$

4. $y^2-8x+16=0$　　5. $3x^2-4y+4=0$

第三节　直线方程

一、1.$135°$　2.4　3. $\dfrac{b}{a}$,$\arctan\dfrac{b}{a}$($ab\geq0$)或$\pi+\arctan\dfrac{b}{a}$($ab<0$)

4. $y=\pm\dfrac{5}{12}x-3$　　5. $y=\sqrt{15}x-3$

6.(1) $A=0$、$B\neq0$、$C\neq0$；(2) $A\neq0$、$B=0$、$C\neq0$；(3) $C=0$；(4) $A-B+C=0$

二、1.C　2.B　3.B　4.D　5.A　6.D　7.B

三、1. $-2<b<0$　2. $y-1=\dfrac{\sqrt{3}}{3}(x+2)$　　3. $a\leq-1$

4. $m = 14$ 或 -14 5. $a = \dfrac{7}{2}$ 或 $a = 2$

6. (1) $\dfrac{x+1}{4} = \dfrac{y-2}{2}$; (2) $\dfrac{x+1}{\frac{1}{2}} = \dfrac{y-2}{\frac{9}{2}}$

第四节　直线与直线的位置关系

一、1. $m = 1, n \neq -1$ 或 $m = -1, n \neq 1$　　2. $-6, -4$
3. $(a, -b), (-a, b), (-a, -b), (b, a), (-b, -a), (2m-a, 2n-b)$
4. $2x + 5y - 1 = 0$　　　　　　5. $5x - 2y = 0, 75.8°$
6. $\left(\dfrac{1}{5}, -\dfrac{7}{5}\right)$

二、1. D　2. A　3. A　4. B　5. D　6. A　7. A　8. B

三、1. (1) 平行　(2) 相交　(3) 重合
2. 证明：因为 $\overrightarrow{AB}$ 的坐标为 $(-4, -2)$，$\overrightarrow{AC}$ 的坐标为 $(3, -6)$，
$\overrightarrow{AB} \cdot \overrightarrow{AC} = (-4) \cdot 3 + (-2) \cdot (-6) = 0$，所以 $AB \perp AC$.
3. $2x + 3y + 10 = 0$
4. (1) $a = 1$；(2) $a = 0$
5. (1) $(4, 1)$；(2) $(2, 3)$.

第五节　两条直线的夹角

一、1. $60°$　2. -3 或 $\dfrac{1}{3}$　3. $y = \dfrac{5}{2}$ 或 $y = \sqrt{3}x$

二、1. C　2. C　3. B

三、1. 由 $\dfrac{\sqrt{2}}{2} = \dfrac{|4a + 15|}{\sqrt{17}\sqrt{a^2 + 15^2}}$，解得 $a = -25$ 或 $a = 9$.

2. $y = 3$ 或 $x = -2$
3. $x + 5y + 5 = 0$ 或 $5x - y - 1 = 0$
4. $\angle A = \angle B = 45°$, $\angle C = 90°$

第六节　点到直线的距离

一、1. 4 或 $\dfrac{4}{7}$　2. $x = 1$ 或 $x + 3y - 5 = 0$　3. $x = -1$ 或 $15x + 8y - 17 = 0$

4. $\left(\dfrac{3}{5}, -\dfrac{1}{5}\right)$ 或 $\left(-\dfrac{3}{5}, \dfrac{1}{5}\right)$　5. 4

二、1. A　2. C　3. B　4. B　5. A

三、1. $d = \dfrac{14\sqrt{53}}{53}$

2. $x - 7y + 19 = 0$ 或 $7x + y - 17 = 0$

3.$\left(\dfrac{12}{13},\dfrac{38}{13}\right)$ 4.$(3,3)$或$(-1,-5)$

第七节 圆的方程

一、1.$(x-8)^2+(y+3)^2=25$ 2.$\sqrt{3}|b|$ 3.$14+6\sqrt{5}$ 4.$\left(-\dfrac{9}{2},0\right),\dfrac{|a|}{2}$

5.$(x+1)^2+(y-2)^2=18$ 或 $x^2+y^2+2x-4y-13=0$ 6.$(3,-5),4$

二、1.D 2.D 3.A 4.B 5.A 6.C

三、1.$x^2+y^2-2x-6y+5=0$ 2.$(x+1)^2+(y+2)^2=32$

3.$(x-2)^2+(y-1)^2=10$ 4.$x^2+(y-1)^2=18$

5.(1)当$k<-\sqrt{3}$或$k>\sqrt{3}$时,直线与圆相交,

(2)当$k=\pm\sqrt{3}$时,直线与圆相切,

(3)当$-\sqrt{3}<k<\sqrt{3}$时,直线与圆相离.

第八节 椭圆的标准方程

一、1.$\dfrac{y^2}{25}+\dfrac{x^2}{16}=1$

2.焦点为$(0,1)$和$(0,-1)$,顶点为$(0,2)$、$(0,-2)$、$(\sqrt{3},0)$、$(-\sqrt{3},0)$,离心率为$\dfrac{1}{2}$

3.$\dfrac{x^2}{36}+\dfrac{y^2}{27}=1$ 4.$(-1,0)$和$\left(\dfrac{1}{3},\dfrac{4}{3}\right),\dfrac{4\sqrt{3}}{3}$

5.$\dfrac{x^2}{15}+\dfrac{y^2}{5}=1$ 6.$0<k<1$

二、1.C 2.B 3.A 4.D 5.B 6.A

三、1.(1)$\dfrac{x^2}{25}+\dfrac{y^2}{16}=1$;(2)$\dfrac{y^2}{169}+\dfrac{x^2}{144}=1$ 2.$\dfrac{x^2}{169}+\dfrac{y^2}{144}=1$

3.长轴长为8,短轴长为6,顶点$(\pm 4,0)$和$(0,\pm 3),e=\dfrac{\sqrt{7}}{4}$ 4.$\dfrac{x^2}{16}+\dfrac{y^2}{4}=1$

第九节 双曲线

一、1.$(-5,0)$和$(5,0)$ 2.$6,8,10,\dfrac{5}{3},y=\pm\dfrac{4}{3}x$

3.$\dfrac{y^2}{9}-\dfrac{x^2}{16}=1$ 4.充分非必要 5.3

二、1.A 2.C 3.B 4.B 5.D 6.C 7.C

三、1.$\dfrac{x^2}{16}-\dfrac{y^2}{9}=1$ 2.$\dfrac{x^2}{9}-\dfrac{y^2}{6}=1$

3.$\dfrac{9x^2}{20}-\dfrac{4y^2}{5}=1$ 4.2;32

5.$n<3;3<n<8$

参考答案

第十节 抛物线

一、1.4 2.$y^2=-10x$ 3.$y^2=8x$ 4.抛物线,它的对称轴,且只有一个

5.(5,4) 6.$(0,-\dfrac{1}{4a})$ 7.$y^2=\dfrac{16}{5}x$

二、1.A 2.C 3.A 4.C 5.C 6.D

三、1.$y^2=-\dfrac{16}{3}x$ 或 $x^2=-\dfrac{9}{4}y$ 2.$P(3,2\sqrt{6})$ 或 $P(3,-2\sqrt{6})$

3.$x^2=-2y$ 4.$y=x^2+2$

5.(1)$x^2=\dfrac{9}{2}y$;(2)$y^2=16x$

第8章 立体几何

第一节 平面及其性质

一、1.两 2.无数个,过该点的一条直线 3.一点

二、1.C 2.B 3.C 4.A

三、答:不一定共面,如果直线 e 也与此条直线相交于 P 点时,就有可能不共面.

第二节 空间两条直线的位置关系

1.(1)D (2)D

2.过 M 点画一条与棱 AD 平行的直线 EF.因为 $AD/\!/A_1D_1$,那么 $EF/\!/A_1D_1$.

3.相等.

4.(1)$60°$;(2)$\arctan\dfrac{\sqrt{3}}{2}$

第三节 直线与平面的位置关系

1.(1)D (2)D (3)A (4)D (5)A (6)A

2.$20\sqrt{2}$

3.4

4.$\arctan\dfrac{3\sqrt{5}}{13}$;$\arctan\dfrac{4\sqrt{13}}{13}$;$\arctan\dfrac{\sqrt{13}}{4}$.

5.连接 EC_1,过 E 点作直线 EF 垂直于 EC_1,那么 EF 垂直于平面 ECC_1,因此 EF 自然垂直 EC.

第四节 两个平面的位置关系

1.(1)B (2)D (3)B (4)A (5)B

2.$DS=36.4$ $SC=23.4$

3.30°

4.平面 $PDC \perp$ 平面 $ABCD(PD \perp$ 平面 $ABCD)$

平面 $PDA \perp$ 平面 $ABCD(PD \perp$ 平面 $ABCD)$

平面 $PDA \perp$ 平面 $PDC(AD \perp$ 平面 $PDC)$

5. $\dfrac{12\sqrt{3}}{5}$

6.$\because AD \perp BC$ $\therefore AD \perp BD$ $AD \perp CD$ $\because AD \perp$ 平面 BDC $\therefore$ 平面 $ABD \perp$ 平面 BCD 平面 $ADC \perp$ 平面 BDC.

7.二面角 $P-BC-A$ 的大小为 30°.

第五节　多面体和旋转体

略。

第9章　排列、组合与二项式定理

第一节　计数的基本原理

一、1.9×10^5　2.30,300　3.(1)4^3;4^4;4^5　(2)33;270　4.6

5. 10,24　6.12　7.81　8.24

二、1.B　2.B　3.A　4.D　5.C　6.D　7.C

三、1.(1)34;(2)5040;(3)431　2.168 个　3.20 种

第二节　排列问题

一、1.$ab,ac,ad,ba,ca,da;bc,bd,cb,db;cd,dc$

2.元素,顺序　　　　　　　　　3.504

4.17280　　　　　　　　　　　5.9

二、1.D　2.D　3.D　4.C　5.C

三、1.北京—上海,北京—广州,上海—北京,上海—广州,广州—北京,广州—上海

2.76,86,96,68,78,98

3.78

4.(1)240;(2)$A_5^2 \cdot A_5^5$;(3)1400;(4)3600;(5)2520

5.$\begin{cases} m=14 \\ n=2 \end{cases}$ 或 $\begin{cases} m=29 \\ n=1 \end{cases}$

第三节　组合问题

一、1.略　2.略　3.ab,ac,ad,bc,bd,cd

4.7　5.144　6.(1)3;(2)6　7.70　8.4186

二、1.B　2.B　3.B　4.D　5.A　6.C

三、1.(1)是,C_{12}^2;(2)是,C_3^2

2.(1)15120 种；(2)16800 种
3.(1)120,120；(2)70,70

第四节　排列组合的应用

一、1.$mn+p$　2.9　3.24　4.6 或 7　5.330
6.240　7.90　8.105　9.$C_6^3 C_4^2 P_5^5$　10.540
二、1.C　2.B　3.B　4.B　5.B　6.D　7.B　8.A
三、1.(1)36　(2)4
2.(1)$C_6^2 \cdot C_4^2 = 90$；(2)$C_6^1 \cdot C_5^2 = 60$；(3)$C_6^1 \cdot C_5^2 \cdot P_3^3 = 360$
3.$n=8$　提示：$C_n^{n-2} = C_n^2$
4.$N = C_8^6 \cdot C_7^4 = C_8^2 \cdot C_7^3 = \dfrac{8\times 7}{2} \cdot \dfrac{7\times 6\times 5}{3\times 2\times 1} = 980$ 种
5.(1)$C_{96}^2 = 4560$　(2)$C_4^2 = 6$　(3)$C_{90}^1 C_4^1 = 384$.
6.18　80

第五节　二项式定理

一、1.35，-560　2.$70a^4b^4$　3.510　4.1.045
5.$x^4 + 12x^3 y + 54x^2 y^2 + 108xy^3 + 81y^4$.
6.$70a^4 b^4$.
7.84　8.-5
二、1.A　2.D　3.C　4.A　5.D　6.D
三、1.$m^6 - 6m^5 n + 15m^4 n^2 - 20m^3 n^3 + 15m^2 n^4 - 6mn^5 + n^6$
2.第 4 项的系数为 448，第 4 项的二项式系数为 $C_8^3 = 56$.
3.$x = \pm 1$.
4.$n = 8$.
5.(1)$T_{r+1} = (-1)^r \cdot C_{11}^r x^{11-r} \cdot y^r$；
(2)二项式系数最大的项为中间两项：$T_6 = -C_{11}^5 \cdot x^6 \cdot y^5$，$T_7 = C_{11}^6 \cdot x^5 \cdot y^6$；
(3)系数绝对值最大的项也是中间两项,同(2)；
(4)中间两项系数绝对值相等,一正一负,第 7 项系数为正,故取 $T_7 = C_{11}^6 \cdot x^5 \cdot y^6$；
(5)项的系数最小的项是 $T_6 = -C_{11}^5 \cdot x^6 \cdot y^5$；
(6)展开式中,二项式系数的和为 $C_{11}^0 + C_{11}^1 + C_{11}^2 + \cdots + C_{11}^{11} = 2^{11}$；
(7)展开式中,各项的系数和为 $C_{11}^0 - C_{11}^1 + C_{11}^2 + \cdots + (-1)^{11} \cdot C_{11}^{11} = (1-1)^{11} = 0^{11}$

第 10 章　概率

第一节　古典概率

一、1.$\dfrac{1}{4}$　2.$\dfrac{1}{15}$　3.$\dfrac{3}{4}$　4.$\dfrac{1}{36}, \dfrac{25}{36}$　5.0.64

参考答案

6.二项分布 $B(10,0.1)$,"抽到的10件产品中恰有1件次品","抽到的10件产品中至少有1件次品".

7.④

二、1.B 2.C 3.A 4.C 5.C 6.D

三、1.$\dfrac{490}{1287}$ 2.(1)$\dfrac{2}{5}$;(2)$\dfrac{11}{20}$;(3)$\dfrac{1}{5}$

3.(1)0;(2)1

4."上上上","上上下","上下上","上下下","下上上","下上下","下下上","下下下" 有8个基本事件

5.(1)$\dfrac{1}{5}$;(2)$\dfrac{2}{5}$;(3)$\dfrac{1}{10}$;(4)$\dfrac{1}{10}$

6.(1)$\dfrac{7}{15}$;(2)$\dfrac{8}{15}$

第二节 概率的加法公式

一、1.$\dfrac{3}{4}$ 2.0.31 3.$\dfrac{407}{1631}$ 4.$\dfrac{4}{7}$ 5.$\dfrac{1}{30}$ 6.0.03

二、1.C 2.A 3.D 4.D 5.C

三、1.(1)是互斥事件,因为两弹都击中与两弹都未击中不可能同时发生;

(2)是互斥事件,因为两弹都未击中与至少有一弹击中不可能同时发生;

(3)是互斥事件,因为两弹都击中与恰有一颗击中不会同时发生.

2.(1)0.29;(2)0.71   3.(1)0.52;(2)0.81

4.$\dfrac{3}{7}$ 5.(1)0.150;(2)0.943;(3)0.159;(4)0.027

第三节 相互独立事件同时发生的概率

一、1.0.1905 2.$\dfrac{1}{4}$ 3.0.06561 4.0.04

二、1.D 2.A 3.C 4.B 5.C 6.D 7.C 8.B

三、1.$\dfrac{5}{6}$ 2.(1)0.56;(2)0.38

3.设 A:"串联电路正常工作",A_i:"第 i 个元件正常工作",$i=1,2,3$. $P(A) = P(A_1A_2A_3) = P(A_1)P(A_2)P(A_3) = 0.9^3 = 0.729$.

4.$n=2000,p=0.001$.

$P(B_0) = 0.999^{2000} = 0.1352$,

$P(B_1) = C_{2000}^1 \times 0.001 \times 0.999^{1999} \approx 0.2707$.

$P(B_2) = C_{2000}^2 \times 0.001^2 \times 0.999^{1998} \approx 0.2708$.

$P(B_3) = C_{2000}^3 \times 0.001^3 \times 0.999^{1997} \approx 0.1805$.

$P(B_0) + P(B_1) = P(B_2) + P(B_3) = 0.857$.

参考答案

第11章 数 列

第一节 数 列

一、1.10

2.$3n-9$

3.$a_{10}=110$

4.$a_n=10^n-1(n\times \mathbf{N}^*)$

5.$2,1,-1,-5,-13$

二、1.D 2.B 3.B 4.B 5.A 6.D 7.D

三、1.(1)$a_1=2,a_2=-1,a_3=-4,a_4=-7,a_5=-10$;

(2)$a_1=1,a_2=2,a_3=4,a_4=7,a_5=11$

2.(1)$a_n=(-1)^{n+1}\cdot n$;(2)$a_n=(-1)^n\cdot n$;(3)$a_n=-n$.

第二节 等差数列及其通项公式

一、1.-6 2.78 3.$-1,2$ 4.0 5.-5

二、1.B 2.12 3.B 4.A 5.B 6.B

三、1.$a_3=\dfrac{329}{30}$

2.满足条件的数列为$3,7,11$或$11,7,3$

3.$9,5,1$或$1,5,9$

4.$a_{12}=0$

5.$a_{p+q}=0$

第三节 等差中项

一、1.15 2.55 3.5

二、1.C 2.C 3.C 4.C

三、1.(1)$a_{27}+a_{36}+a_{64}+a_{73}=(a_{27}+a_{73})+(a_{36}+a_{64})=2(a_1+a_{99})+2\times(5+107)=224$

(2)$a_n=-17+(n-1)4$

2.(1)298;(2)33.25.

3.40,54,68,82.

第四节 等差数列的前 n 项和

一、1.10 2.$-\dfrac{40100}{3}$ 3.-110 4.$a_n=\begin{cases}6,n=1\\8n-4,n\geq 2\end{cases}$ 5.0

二、1.C 2.B 3.C 4.C

三、1.$a_1=18,S_8=60$

2.第三个数为$3,5,7$

3. $x=10$, $y=18$

4. (1) 500; (2) 2 550; (3) $-\dfrac{35}{6}$; (4) 604.5.

第五节 等比数列和等比中项

一、1. $a_n = \dfrac{8}{9} \times \left(-\dfrac{3}{4}\right)^{n-1}$

2. 2 或 -4

3. -32

4. 4, 9

5. $a_n = \dfrac{1}{3} \times 2^{n-1}$, $\dfrac{16}{3}$

6. 3 或 15, 3 或 27

二、1. A 2. C 3. B 4. B 5. B 6. A 7. C 8. A

三、1. $q=-3$ 或 $q=-\dfrac{1}{3}$ 2. $n=9$

3. $q=3$ 4. $\dfrac{243}{16}$

5. $a_n = \dfrac{45}{2} \times \left(-\dfrac{1}{3}\right)^{n-1}$ 或 $5 \times 2^{n-1}$

第六节 等比数列的前 n 项和

一、1. -2 2. 32 3. 20 4. 48

5. $2, 2\sqrt{2}, 4\sqrt{2}$ 6. 6

二、1. C 2. C 3. D 4. A

三、1. $q=1$ 或 $-\dfrac{1}{2}$

2. $\begin{cases} q=-\dfrac{1}{1} \\ a_1=-4 \end{cases}$ 或 $\begin{cases} q=1 \\ a_1=-1 \end{cases}$

3. 略

4. $n=6$, $q=2$ 或 $q=\dfrac{1}{2}$

5. 2, 6, 18 或 18, 6, 2

6. 60 万吨

第 12 章 复 数

略。

参考答案

第13章 导数与微分

第一节 导数的概念

1. D 2. D 3. A
4. 用定义证明(略). 5. 在 $x=0$ 点左右导数不相等,所以函数在点 $x=0$ 处不可导.
6. 切线和法线方程为: $y-ex=0, x+ey=e^2+1$. 7. $a=2, b=-1$.

第二节 导数的运算法则

1. A 2. C 3. B 4. D 5. C 6. C

7. (1) $\frac{1}{2}x^{-\frac{1}{2}}+\cos x$; (2) $\frac{1}{2}x^{-\frac{1}{2}}\sin x+\sqrt{x}\cos x$; (3) $5\frac{1}{x\ln 2}-8x^3$;

   (4) $\sec x\tan x+2^x\ln 2+3x^2$; (5) $8x(2x^2-3)$; (6) $3\sec^2(3x+2)$;

   (7) $\sin^2\frac{x}{3}\cos\frac{x}{3}$; (8) $2x\cot x(\cot x-x\csc^2 x)$.

8. $\frac{-y^2}{xy+1}$ 9. (1) $-\frac{6x+y}{x-5}$; (2) $-\frac{e^{x+y}-y}{e^{x+y}-x}$. 10. $a_0 n!$

第三节 微 分

1. B 2. D 3. 0.002.

4. (1) $(2x+3\sec^2 x+e^x)dx$; (2) $(e^x\cos x-e^x\sin x)dx$;

   (3) $\left(\frac{\cos x+\cos x \cdot x^2-2x\sin x}{(1+x^2)^2}\right)dx$; (4) $\left(\frac{1}{\sqrt{1-4x^2}}\right)dx$;

   (5) $\left(-2\ln(1-x)\frac{1}{1-x}\right)dx$; (6) $(2xe^{2x\sin x}(1+x\sin x+x^2\cos x))dx$.

5. (1) $dy=-\frac{b^2 x}{a^2 y}dx$; (2) $dy=-\frac{y\sin(xy)+2xy^2}{x\sin(xy)+2x^2 y}dx$.

6. 解:方程两边对 x 求导,得 $[\cos(x+y)]'+(e^y)'=(x)'$, $-\sin(x+y)[1+y']+e^y y'=1$,

   $[e^y-\sin(x+y)]y'=1+\sin(x+y)$, $y'=\frac{1+\sin(x+y)}{e^y-\sin(x+y)}$,

   故 $$dy=\frac{1+\sin(x+y)}{e^y-\sin(x+y)}dx.$$